"十四五"普通高等教育本科部委级规划教材

数字新媒体：设计与传播

丛 书 主 编：望海军

U0737917

数字内容生产 与运营

熊蕾　谭文若　余燕◎编著

中国纺织出版社有限公司

内 容 提 要

本书采用"案例驱动—理论阐释—实践应用"三位一体的教学模式，系统阐述了数字内容生产与运营，旨在将理论与实践相结合，提升教学效果。

全书共分七章，涵盖数字内容概述、用户驱动、生产流程、网络短视频、电商直播、网络社群及前沿问题。内容由浅入深，语言通俗易懂，案例丰富，实践指导性强，引导学生逐步建立起系统的专业知识框架，并提升其实际操作能力。

本书可作为高等院校传媒、数字媒体、广告学、新闻学等相关专业学生的教材，也可供新媒体行业的从业者和对数字内容创作感兴趣的自学者参考。

图书在版编目（CIP）数据

数字内容生产与运营 / 熊蕾，谭文若，余燕编著. 北京 ：中国纺织出版社有限公司，2025. 1. --（"十四五"普通高等教育本科部委级规划教材）（数字新媒体 ：设计与传播 / 望海军主编）. -- ISBN 978-7-5229-2341-3

Ⅰ. G202；F713. 365. 2

中国国家版本馆 CIP 数据核字第 2024A3A170 号

责任编辑：华长印　朱昭霖　　责任校对：寇晨晨
责任印制：王艳丽

中国纺织出版社有限公司出版发行
地址：北京市朝阳区百子湾东里A407号楼　邮政编码：100124
销售电话：010—67004422　传真：010—87155801
http：//www.c-textilep.com
中国纺织出版社天猫旗舰店
官方微博 http://weibo.com/2119887771
天津千鹤文化传播有限公司印刷　各地新华书店经销
2025年1月第1版第1次印刷
开本：787×1092　1/16　印张：9
字数：165千字　定价：59.80元

　　数字内容，这一曾经的抽象概念，如今已成为人们理解世界、交流思想的重要载体。在教育领域，尤其是与数字内容产业相关的学科，正经历一场前所未有的挑战与转型。对传媒行业的专业人士、市场策略的制定者、内容创造的艺术家，乃至每一位数字世界的探索者而言，深入理解并掌握数字内容的生产与运营，不仅是一种智识追求，更是适应并引领当代社会发展的关键能力。鉴于此，本教材应运而生，目的在于为这一新兴领域的发展提供坚实的理论支持，并满足广大学习者对系统学习数字内容相关知识的迫切需求。

　　本教材旨在构建一个完整的分析框架，以支撑对数字内容产业的系统理解和有效实践。本教材共分为七章，如同一幅精心绘制的地图，详尽地勾勒出数字内容的全貌。每一章都经过精心设计，力求做到深入浅出、案例丰富、理论与实践相结合，旨在提供一条清晰、系统的学习路径，引导学习者探索数字内容产业的发展历程、技术成果、核心理论与观点，研究数字化如何重塑内容的生产与传播方式，并提供重要的思考角度。

　　本教材以全面的内容覆盖、跨学科的知识融合、丰富的案例资源、对前沿技术的关注、易于理解的编写风格，形成了以下几个方面的特色。

　　丰富性和系统性。审视数字内容产业的重要里程碑和创新举措，探讨数字内容生产的核心要素及运营的算法本质，通过对生产流程的全面审视与剖析，为内容的创作、传播和市场推广提供多维度的洞见。

　　实用性和操作性。汇总数字内容产业的关键发展成果，并对未来发展趋势进行研判与展望。不仅阐述了理论知识，更重视实际操作，通过案例分析指导如何创新性地生产和高效运营数字内容。

　　综合性与专题性。通过理论与实践相融合的方式，深度分析数字内容的用户驱动机制、生产流程、特定领域（网络短视频、电商直播、网络社群）中内容创作和运营的前沿议题，进而提炼具有广泛应用潜力的数字内容策略。

批判性与前瞻性。对未来媒介样态、人工智能介入下数字内容生产流程的重构，以及数字内容生产的虚假营销、伦理问题进行重要补充，增强学习者对产业复杂性的认识，能够在理解和创造数字内容的同时，保持对新兴技术趋势的敏感性和对潜在问题的批判性思考。

本教材适用于数字媒体艺术、传媒、市场营销、广告学、新闻传播、商业管理、电子商务、计算机科学与技术等专业的学生和研究者。同时，也适用于对数字内容产业感兴趣的跨学科学习者，以及从事相关工作的从业者，如内容创作者、社交媒体运营者、数字营销人员、产品经理等。预设读者已具备一定的数字媒体与市场营销基础知识，这将有助于更好地理解和吸收教材内容。建议教师采用课堂教学、专题研讨、模拟实战等多种教学手段，可以与相关的在线课程、案例库、工作坊等教学资源相结合，以实现更好的学习效果。

在编写过程中，我们深感前人研究的宝贵，深受同行智慧的启迪。在此，衷心感谢所有为本教材做出贡献的专家、学者，他们的真知灼见为教材内容的深度和广度提供了保障。同时，感谢参与教材审校的编辑、老师，他们的严谨工作确保了教材内容的准确性和实用性。最后，感谢武汉纺织大学传媒学院新闻与传播专业研究生孙琦瑷、李一涵、胡杏燃，共同参与了资料整理与编写工作。

展望未来，数字内容产业将面临新一轮概念延展与实践深化的进程。可以预见，创新的技术手段和媒介形式将层出不穷，为产业注入新的活力。我们将持续关注学科的最新动态，致力于教材内容的更新与优化，以期为学界、业界带来更深入且富有远见的知识和洞察。

熊蕾

2024年6月3日

目录

第一章

数字内容概述

据《人民网》2024年7月27日的报道，第21届中国国际数码互动娱乐展览会（China Joy）于2024年7月26日在上海举办。

历经二十年的发展，我国的数字内容产业已实现由弱变强的跨越，从最初的引进依赖到现在的积极"走出去"，形成了具有广泛影响力的新兴文化业态，并有效推动了文化创意产业和数字经济的快速发展。大会现场，中国音像与数字出版协会发布并解读《2024年1—6月中国游戏产业报告》。报告显示，2024年上半年，国内游戏市场实际销售收入1472.67亿元，同比增长2.08%，增长趋势较为平稳。游戏用户规模6.74亿，再创新高。

展会上展出的游戏产品不仅在文化传播、艺术传承、医疗教育等多个领域展现出跨界融合的潜力，而且其正面价值正被不断挖掘和探索。例如，《剑网3无界》的曲水流觞式展区、试玩区的山川体验台以及水波纹地面等设计，为玩家带来国风美学沉浸体验。作为较早开始思考AI在社交领域应用的平台，Soul推出原创IP"山海灵·大盛山海"，用户可以在展台360度感受"金木水火土"的传统文化符号，还可通过AI召唤守护灵兽、解锁"山海灵"AI分身、获得AI通行证，在虚拟的游戏化场景中，感受古老神话的经典魅力。

中国音像与数字出版协会理事长孙寿山指出："数字技术的跨界应用极为广泛，尤其在影视、文化和教育领域，它发挥着至关重要的推动作用。在保护文化遗产和赋能地域特色旅游资源方面，数字技术已经展现了显著的能力。"

数字内容是将图像、文字、影音等内容通过数字技术进行整合应用的产品或服务的总体，是数字媒体技术与文化创意结合的产物，是信息产业深入发展的新兴领域，已经成为全球经济增长点的一个重要分支。本章从数字媒介内容的发展历程出发，探索数字信息技术的演进逻辑、数字内容生产的核心要素和数字内容运营的算法本质等相关内容。

第一节　数字内容产业的发展历程

信息通信技术的飞速进步正在全球范围内引发一场根本性的"数字革命"，这场革命正在深刻地重塑未来经济的发展版图，并对社会的各个层面产生深远的影响。在此背景下，一个充满发展活力和战略价值的新兴产业——数字内容产业顺势而生。随着全球数字经济逐步进入体系重构、动力变革和范式迁移的新阶段，数字内容产业被普遍视为最具增长潜力和影响力的新兴领域，将数字内容产业的发展上升为国家未来发展战略的重要组成部分，成为全球各国的共识。

一、全球数字内容产业发展历程

数字内容产业并非一个全新的领域，而是在数字技术持续演进的背景下，与信息、文化、创意及网络产业相互交织、融合而兴起的产业新形态。受到全球市场经济的不均衡发展影响，该产业在不同国家和地区呈现出多样化的产业化和集团化水平，其发展的外部环境同样呈现出复杂多变的特点。这一产业的成长轨迹与各国在信息、文化、创意和网络产业的发展紧密相连，共同塑造了其独特的发展图景。数字内容产业的成长历程大体可以分为三个阶段（图1-1）。

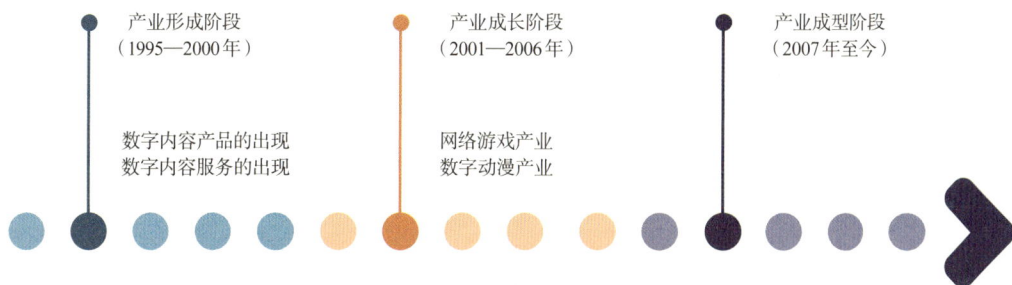

产业形成阶段
（1995—2000年）

数字内容产品的出现
数字内容服务的出现

产业成长阶段
（2001—2006年）

网络游戏产业
数字动漫产业

产业成型阶段
（2007年至今）

图1-1 全球数字内容产业发展历程

（一）产业形成阶段（1995—2000年）

自1995年起，"数字内容"和"内容产业"等术语逐渐进入国际学术界的视野。在数字内容产业的萌芽阶段，相关的产品、服务和产业概念开始浮现，但其定义和范围尚未明确，产业规模也未充分展现。由于20世纪90年代的数字制作技术尚处于初级阶段，且网络普及主要集中在发达国家，数字内容的生产力、产品质量、分销渠道和贸易范围均受到了相应的制约。因此，数字内容产业尚处于起步发展阶段。在1996—2000年，日本和韩国开始广泛采纳"内容"这一概念，并将其纳入国家经济政策的考量。与此同时，美国和欧洲等国家和地区则在更广泛的层面上探讨数字内容涵盖的范围和对象。

1.数字内容产品的出现

在这一阶段，数字内容产品构成了一个独特的类别，它既是内容产品，也是数字产品。这类产品主要指那些经过数字化处理的内容，如在线数据库、数字图书馆、电子期刊等，它们突出了数字技术赋予的新特性和功能。相对地，那些通过传统媒介如纸质文件、书籍、报纸和图像等形式传播的内容，并不属于数字内容产品的范畴。在数字产品这一更广泛的定义中，只有那些强调内容价值而非仅仅数字化过程或转换工具的产品，才被归类为数字内容产品。例如，电子邮件的发送和接收过程属于数字化的基本操作，属于数字产品的领域，但并不构成数字内容产品。然而，电子邮件的内容本身，由于具备数字化的形式和实质性的内容，可以被视为数字内容产品。因此，可以认为数字内容产品是数字产品领域中，特别强调内容属性的那一部分，它是数字产品与内容产品概念的交汇点。

2.数字内容服务的出现

根据《国际服务贸易统计手册》的界定，"服务不是能够确定所有权的独立实体，不能脱离生产单独进行交易。服务是伴随生产的辅助性产出，一般由生产者按照消费需要所从事的活动，完成生产后，服务必须要提供给消费者"。在实践中，实物产品与服务之间的界限往往模糊不清，因为二者交易过程往往相互渗透和相互关联。例如，在软件技术转让的同时，可能伴随着硬件产品的联合销售，而在硬件产品的交付过程中，往往也包含了软件的安装和调试服务。

据此，数字内容服务可以被定义为一种为经济主体或个人提供数字内容产品的服务，这些服务支持数字内容产品的制造、存储和传播。数字内容服务的范畴广泛，包括所有与移动通信、网络服务和数字内容产品相关的服务，如手机短信传输、移动导航、网络数据存储，以及网络视频的上传、下载、分发和管理等。这些服务不仅构成了数字内容产业链的关键环节，也是数字经济中不可或缺的组成部分。

（二）产业成长阶段（2001—2006年）

进入21世纪，互联网技术如同一张无形的网，遍布全球逾200个国家和地区，成为现代社会不可或缺的基础设施。与此同时，数字制作技术的迅猛发展催生了数字内容产业的蓬勃发展，该产业在信息技术的支撑下，涵盖了与之相关的整个文化产业链，包括但不限于各类产品与服务。数字内容产业作为一个宏观概念，其内涵丰富，既包括传统的文化产业、信息产业，也融合了新兴的创意产业等多元领域，正处于一个动态发展与逐步成熟的阶段。

在这一发展阶段中，数字内容产品与服务的界限逐渐清晰，市场对多样化产品的渴求日益强烈。中小企业凭借其市场敏感度高、灵活应变能力强的特点，成为推动数字内容产品创新的主力军。随着差异化产品的系列化开发，中小企业间积累的共性知识不断增长，这不仅促进了产品创新，而且为行业内的技术交流与合作奠定了基础。通过组建技术联盟，中小企业能够共享共性知识、分摊研发成本、协同开发生产流程，并实现利益共享。这种合作模式不仅加快了新产品的推出速度，也为数字内容产业的快速成长提供了动力。在这一过程中，数字内容产业逐渐融合了信息产业和文化产业的元素，形成了一种新型的产业形态，展现出强大的生命力和发展潜力。

1.网络游戏产业

在1996—2006年这一时期，第三代大型多人在线角色扮演游戏（MMORPGs）在全球范围内迅速崛起并广受欢迎。这类游戏通常被称为MMOGAME，或简称"网游"，其核心特征在于支持大量玩家在同一虚拟世界内实时互动，以实现社交、娱乐休闲等多元目的。在美国，网络游戏产业的规模和影响力已连续多年超越好莱坞电影产业，成为国内最大的娱乐产业之一。

美国市场的电脑网络游戏之所以持续占据主导地位，主要归功于其在工作、网络浏览和娱乐功能上的多功能集成，相较于电视游戏，电脑网络游戏在用户体验和互动性方面展现出更为明显的优势。从经济数据来看，美国网游市场的收入在2004年已达到73亿美元，而到了2006年，这一数字更是翻倍至125亿美元，反映出网络游戏产业的迅猛发展和巨大的市场潜力。与此同时，韩国政府在1999年制定了一系列关于音像制品和游戏软件的法令，旨在鼓励游戏软件的制作、人才培养和基础设施建设。同时，韩国还实施了游戏软件的评审监督和分级制度，以保障游戏内容的健康和适宜性。这些政策的推行极大促进了韩国游戏产业的发展，到了2006年，韩国的游戏市场规模已超越其传统的汽车工业，成为国家经济的重要支柱之一。

2.数字动漫产业

以创意为核心竞争力，动画和漫画作为主要的视觉艺术表现形式，构成了一个多元化的产业体系。该产业体系不仅包括动漫图书、报刊、电影、电视、音像制品等传统媒介产品，而且涵盖了基于现代信息传播技术手段的创新动漫产品，如数字动漫直接产品的开发、生产、出版、播出和销售。此外，与动漫形象相关的衍生产品，如电子游戏等，也是该产业链的重要组成部分。

在2004年，全球数字内容产业的总产值达到了2228亿美元，而与游戏、动画相关的衍生产品产值更是超过了5000亿美元。在这一时期，日本动漫产业在全球市场中占据了主导地位，其市场份额超过了70%。这不仅凸显了日本动漫产业在全球范围内的影响力，而且反映出动漫产业在全球经济中的重要地位。除了网络游戏产业和数字动漫产业的迅速发展，其他数字内容相关产业，如数字学习（教育）、数字电影、数字音乐、数字出版、网络电视等，也呈显著增长趋势。在2003—2006年，全球数字内容产业的年均增长率维持在11%以上，这一数据表明，数字内容产业成为推动全球经济增长的新引擎。

（三）产业成型阶段（2007年至今）

在数字内容产业的成型阶段，产品的特质逐渐得到明确界定，数字制作技术的标准化流程逐步确立，这导致产品开发成本显著增长。随着行业竞争环境的演变，竞争焦点逐步从成本导向转向以降低成本为目标的内容创新。在这一过程中，大型企业因其在市场中的显著地位和雄厚的资本实力，成为推动新一代数字内容产品开发和内容创新的关键力量。这些企业之间通过构建产业链，形成了软件与硬件的技术联盟，这不仅促进了人力资源与信息资源的有效整合，还实现了共性知识的共享、开发成本的分摊和创新收益的共有。因此，大型企业间形成的核心技术联盟积累了丰富的共性知识，吸引了众多中小型企业的加入，进一步推动了产业技术创新和市场拓展。

在全球化背景下，美国、日本和韩国等发达国家因其先进的网络基础设施、尖端的研发技术、充足的资金实力和广阔的市场空间，为全球数字内容产业的发展提供了坚实的基础。美国在全球数字内容产业中占据领先地位，汇集了如CG动画制作（Computer Graphics）、梦工厂（DreamWorks）、谷歌（Google）和在线时代华纳（AOL Time Warner）等顶尖的数字娱乐软硬件提供商，确立了其在全球数字内容产业的主导地位。欧洲和日韩等国家和地区也紧随其后，拥有众多在软件开发、游戏开发和终端产品设计制造等关键环节领先的企业。此外，欧洲等国家悠久而独特的文化历史和多元语言环境，也为数字内容产业的多样性和丰富性提供了独特的资源和条件，形成了具有地域特色的产业优势。

二、中国数字内容产业发展历程

（一）产业起步模仿阶段（2003—2005年）

21世纪初期，中国的数字内容产业受限于当时的网络基础设施和数字技术水平，一直处于起步阶段。2003年以前，该产业的发展相对缓慢，未能充分发挥其潜在的经济和社会价值。随着网络基础设施的持续升级和数字经济的迅猛发展，中国数字内容产业迎来了重要的转折点。2003年，上海市在其《政府工作报告》中首次明确提出了"数字内容产业"的概念，并制定了相应的发展措施和目标，这一事件象征着中国数字内容产业的正式诞生。随后，在2004年的《政府工作报告》中，上海市进一步强调了以内容产业为核心的信息服务业的培育。到了2005年，《上海加速发展现代服务业实施纲要》的发布，明确了对数字内容产业发展的鼓励性政策，为产业的快速成长提供了政策支持。

在这一时期，数字技术提供商开始大举进入数字内容产业领域，而蓬勃发展的互联网技术为传统内容产业的数字化转型提供了技术基础。这些技术革新对内容产品的整个生命周期——从收集、创作、加工、存储到传输都产生了深远的影响，为数字内容产业的发展提供了关键的动力。尽管如此，与发达国家相比，中国的数字内容产业在质量和数量上仍存在显著差距，尚未形成具有自身特色的发展模式，整体上仍处于学习模仿发达国家的发展阶段。

（二）产业初步成长阶段（2006—2015年）

随着互联网技术的不断进步和应用领域的深入拓展，中国数字内容产业经历了显著的转型与升级。具体表现在以下几个方面：首先，垂直细分网站的大规模建设和专业化运营，为数字内容的精细化管理和高效分发提供了平台；其次，数字内容资源的广泛集聚和集约化管理，为内容的深度开发和价值最大化创造了条件；再次，智能终端设备的快速普及，极大地拓宽了数字内容的接收渠道，扩大了用户规模；复次，数字内容运营商的积极参与和创新实践，推动了产业商业模式和服务方式的多样化；最后，政府对数字内容产业的高度重视和政策支持，为产业的健康发展提供了有力保障。

在这一背景下，中国数字内容产业逐步摆脱了初期的模仿阶段，进入以产品创新、业态创新和服务模式创新为特征的新阶段。2006年，中国在国家层面首次提出"数字内容产业"的概念，标志着产业发展战略的正式启动。随后，《国民经济和社会发展第十一个五年规划纲要》的出台，明确提出了鼓励数字内容产业发展的政策导向，旨在为社会提供更加丰富和多元的数字内容资源。到了2011年，《国民经济和社会发展第十二个五年规划纲要》进一步明确了发展数字内容服务的战略目标。

在国家政策的引导和支持下，中国数字内容产业进入快速成长的初期阶段。各细分领域均呈现出迅猛的发展态势，产业规模不断扩大。截至2015年，中国数字内容产业的总体收入规模已达到4.7万亿元，显示出强劲的增长势头和巨大的市场潜力。

（三）产业快速发展阶段（2016年至今）

2016年，国务院印发《"十三五"国家战略性新兴产业发展规划》，在该规划中明确指出加速推动出版发行、影视制作、演艺娱乐等传统文化产业的数字化转型，并致力于提升动漫游戏、数字音乐、网络文学、网络视频等新兴文化产品的品质与价值。该规划首次将数字内容产业列为与新一代信息技术、生物、制造、绿色低碳产业并列的五大支柱性战略性新兴产业，体现了国家对数字内容产业战略地位的高度重视和对其发展潜力的充分认可。2017年2月，《文化部"十三五"时期文化发展改革规划》，从政策层面对动漫、游戏、网络文学、数字文化装备、数字艺术展示等关键领域进行了重点布局和战略引导。这两份重要文件的相继出台，标志着中国数字内容产业步入了全新的发展时代。

自此，中国数字内容产业迈入了一个快速发展的新阶段。传统文化产业的界限被重新定义和扩展，出现了"内容＋服务"乃至"内容＋服务＋硬件"等多元化的新型业态模式。内容成为激活整个产业链的核心引擎，媒介融合甚至跨界融合的格局开始形成。

第二节　数字信息技术的演进逻辑

一部互联网发展史，也是一部人类文明进步史。移动互联网已经成为生活中的必需品，成为支撑人们日常活动的基础设施，似乎互联网技术生来如此，并将一直维持下去。但当我们回顾互联网的历史与现在时，不难发现，互联网经历了从 Web 1.0 到 Web 2.0，再到如今的 Web 3.0 的三次范式转移，正向着一个更开放、更民主、更透明的未来演变。

一、Web 1.0：静态互联网

在互联网的早期发展阶段，即 Web 1.0 时代，网络基础设施主要建立在开源协议基础之上，由少数专业技术人员参与其开发与构建。在这一时期，用户的角色主要是信息的消费者，能够通过互联网搜索和浏览信息，但在交互性方面相对有限。Web 1.0 时代的互联网见证了第一次以技术为驱动的创业浪潮，但全球拥有电脑和使用互联网的人口数量尚未达到 10 亿。以技术提供互联网信息聚合服务的公司成为代表性企业。此外，"基于点击流量"的盈利模式开始崭露头角，标志着一种全新"信息经济"模式的诞生。

（一）Web 1.0 时代的基本概念

Web 1.0 代表了互联网发展的初期阶段，其特征是只有少数专业的内容创作者，而绝大多数用户仅作为内容消费者。在这一时期，互联网提供的功能较为基础，用户能够享受的服务种类有限。1989 年 3 月 12 日，被誉为"万维网之父"的英国科学家蒂姆·伯纳斯－李（Tim Berners－Lee）向其所在的欧洲核子研究组织（CERN）提交了一份关于信息管理的立项申报书，提出了万维网（WWW 或 Web）的概念。他提出利用超文本（Hypertext）技术将 CERN 内部的实验室连接起来，并计划将该系统扩展至全球范围。这一理念使用户无须长途跋涉即可通过个人计算机和搜索引擎或统一资源标识符（URI）获取所需信息，奠定了 Web 1.0 的原型。1991 年 5 月，万维网在互联网上的首次亮相取得了巨大成功，并逐渐普及至普通家庭。1994 年 10 月，蒂姆·伯纳斯－李牵头成立了万维网联盟（W3C），这标志着万维网正式进入公众视野。自此，全球互联网进入了Web 1.0时代。Web 1.0时代的典型互联网产品包括门户网站、浏览器和搜索引擎，主要解决了用户上网及上网后的活动问题。在美国，代表性公司包括网景、雅虎、亚马逊和谷歌等；在中国，则以搜狐、新浪和网易三大门户网站为代表。

（二）Web 1.0时代的主要特点

Web 1.0时代的网页大多数是静态的、只读的，类似于杂志，用户无法对内容进行修改或互动。信息的共享和传递速度较慢，内容的种类和数量相对有限，以新闻资讯为主。用户在网站上能看到的内容很大程度上取决于互联网服务提供商（ISP）提供的信息。Web 1.0的特征包括由文本和图像构成的静态网页、使用超文本标记语言（HTML）创建的网页布局、由Web服务器管理员托管和维护的网站、不同浏览器中可能显示相同的页面、用户需要刷新页面以查看更新内容等。Web前端技术包括HTML、超文本预处理器（PHP）、动态服务器页面（ASP）、Java服务器页面（JSP）。Web 1.0的重要成员还包括Web浏览器和Web服务器，数据则托管在集中式服务器上。整个Web 1.0建立在开放、分散和社区管理的协议基础之上。

二、Web 2.0：平台互联网

在互联网发展历程中，Web 2.0时代标志着从用户端至服务端的二元架构向互动性、参与性更强的多边平台转变。在这一时代，用户不仅是信息的消费者，更是内容的创造者和传播者，能够在互联网上进行广泛的互动交流。Web 2.0的核心特征在于从传统的个人计算机（PC）端向移动设备迁移，以及平台型公司的崛起，这些公司往往成为市场的主导者和垄断者。在这一时期，数据、权力以及相应的经济收益往往集中在中心化的商业机构手中，形成了以"平台经济"为特征的经济模式。

（一）Web 2.0时代的基本概念

Web 2.0代表了互联网发展的新阶段，其概念在提出初期引发了广泛的讨论和争议。一些观点认为Web 2.0预示着下一代互联网的发展方向，而另一些观点认为Web 2.0更多是一个营销术语，并未带来实质性的创新。Web 2.0的概念最早由戴尔·多尔蒂（Dale Dougherty）在2003年提出，但并未给出明确的定义。随后，奥莱利媒体公司的首席执行官（CEO）蒂姆·奥莱利（Tim O'Reilly）认识到Web 2.0的概念对于提振互联网行业信心的重要性，并于2004年和2005年分别在旧金山举办了两次Web 2.0大会，从而使这一概念迅速在全球范围内传播和流行。

（二）Web 2.0时代的主要特点

Web 2.0时代的互联网实现了从单向的信息传播模式向双向互动的交流模式的转变。如果将Web 1.0时代的信息接收方式比作传统电视观看，那么Web 2.0时代的信息接收方式则类似于交互式电视（ITV），用户不仅可以选择内容，还能进行互动交流。Web 2.0时代的互联网涌现出了多种新的媒介形态，如社交媒体、短视频、直播等，这些形态通过各类应用程序（App）迅速融入人们的日常工作与生活。然而，这一过程也伴随着一些互联网产品的淘汰和更新。

Web 2.0时代还催生了众多互联网平台巨头，如脸书（Facebook）、推特（Twitter）、亚马逊（Amazon）、腾讯（Tencent）、阿里巴巴（Alibaba）、抖音（TikTok）等，它们通过汇聚海量用户数据，形成了以平台为中心的数据生态系统。这些中心化的行业巨头制定了运营规则，用户通过提供个人数据来换取平台提供的定制化服务。用户的关注和时间转化为平台流量，而流量和数据的所有权归平台所有。然而，这种由互联网巨头主导的垄断格局逐渐引发了社会问题，如隐私泄露、数据滥用等，引起了监管机构和公众的关注。随着对平台垄断负面影响的认识加深，全球范围内的强监管时代逐步到来。

三、Web 3.0：价值互联网

Web 3.0的概念自2021年起开始广泛流传，并逐渐成为互联网发展讨论的热点。尽管对其是否已经完全形成存在争议，但无疑Web 3.0已经开始影响并改变人们的网络生活。在Web 3.0时代，用户不仅能够读取和交互信息，还能够在互联网上传递资产，并通过通证（Token）拥有互联网的某些部分，从而催生了"通证经济"。这一时代的用户能够在计算、存储、资产等多个领域享受去中心化的服务，并成为自己的信息数据的掌控者、管理者和拥有者，挑战传统的公司制度和权力结构。

（一）Web 3.0时代的基本概念

Web 3.0继承了Web 1.0和Web 2.0的理念，并代表了对下一代互联网发展的期望和愿景。Web 3.0的定义和内涵仍在不断演化。在区块链技术出现之前，Web 3.0通常被称为"语义网"（Semantic Web），这是由"万维网之父"蒂姆·伯纳斯－李提出的概念，旨在构建一个更加智能的互联网环境，通过使网络理解和处理数据的语义，实现无缝的人机交互。这些理念已经部分实现于自然语言处理、算法推荐等领域。随着区块链技术的兴起，Web 3.0开始指代基于区块链的去中心化、去信任、无须许可的互联网新一代形态，这一概念最早由以太坊联合创始人以及波卡（Polkadot）创始人林嘉文（Gavin Wood）博士提出，强调构建一个基于"无须信任的交互系统"，实现创新的交互模式，确保私人信息的保密性和通信的匿名性。

（二）Web 3.0时代的主要特点

Web 3.0不仅是对互联网应用层的创新，还预示着互联网体系架构的整体演进和系统性升级。区块链技术是Web 3.0的底层关键技术，数字生产和数字消费成为主要的经济形态。Web 3.0通过分布式账本技术重构Web 2.0的应用逻辑，利用区块链的分布式执行、数据保护、可信协作和资产转移等特性，实现业务流、信息流和价值流的深度整合。通过使用更加简洁、标准化的链上合约替代现有的互联网应用服务，Web 3.0消除了对中心化机构的依赖，实现了用户交互和价值流通的自由化。

在Web 3.0时代，用户不再需要为不同的中心化平台创建多种身份，而是可以构建一个去中心化的通用数字身份体系，使用单一地址在所有平台上自由通行。与Web 2.0时代商业价值集中在大平台手中不同，Web 3.0时代的用户基于去中心化网络，使平台商无法独占和使用用户数据，从而彻底改变了商业价值和商业逻辑的归属，使互联网商业环境更加公平，打破了行业巨头的垄断，实现了"我的数据我做主"的理念。Web 3.0基于区块链技术，是一个去中心化、免信任、免许可的互联网新时代，用户无须再信任中心化机构，而是可以依赖代码逻辑确保各种协议的严格执行，每个用户都能控制自己的身份、数据与资产。Web 3.0将开启一个全新的数字时代，打破Web 2.0中的垄断格局，创造出许多新的商业模式和经济机会。

第三节 数字内容生产的核心要素

信息时代催生了数字内容产业，并使之成为发展迅速的新兴产业。内容产业伴随着信息技术的发展获得了相对独立的发展，逐渐脱离了对传统产业的依赖，显示出其应有的产业特性和价值增长潜力。

在移动互联网环境中，内容产业形成了以平台为中心的商业生态系统。由于媒介技术革新需要内容服务实现价值回收，数字内容平台由简单的中介演化为内容生产机制。在该机制运行过程中，平台重塑了生产主体和生产成本两类要素，通过召集生产者和缩减生产成本，平台创建了新的内容生产体系。伴随内容产品在这套体系中源源不断产出，平台自身也演化成为新的内容生产机制。

随着数字科技，尤其是人工智能技术在内容生产中的广泛应用，数字内容的生产越来越依赖自动化和智能化的流程。然而，这一过程也伴随合成谬误、累积谬误、隐含偏差及预设偏离等潜在风险。这些风险可能导致内容质量下降、信息失真或偏见产生，防范和控制这些谬误成为确保数字内容产业健康发展的关键。

一、生产主体：召集内容生产者

新产品的诞生往往与其创造者紧密相连，这一点在基于平台的内容生产领域尤为显著。在这种模式下，平台的角色不仅是一个简单的中介，更是一个生态系统的构建者和维护者，它通过重新设定准入门槛和实施多样化的激励机制，有效地召集和整合了来自不同背景、拥有不同目标的异质生产主体。

（一）扩充规模：重设准入门槛

在内容生产之初，生产者往往需要在生产设备、技能和资质方面投入资源，这些"投入"构成了内容生产的"门槛"。为了最大限度召集主体进入生产领域，平台采取了一系列转换策略降低"门槛"。

在设备层面，数字平台利用广泛普及的智能手机作为内容采编的工具，这意味着大多数人无须额外投资即可参与内容生产。智能手机的多功能性和便携性极大降低了传统内容生产所需的专业设备门槛，使内容生产至少在设备层面具备了广泛的可及性。

在技能层面，平台通过转换内容生产模式，将原本由专业媒体机构内部员工完成的生产活动转变为可以由分散的个体（如主播、内容创作者）完成的任务。这种模式的转变使原本需要专业知识和技能的工作变得更加简化和易于上手，普通人通过适度的努力也能够创作出质量可观的内容产品，从而有效降低了内容生产的技能门槛。

然而，随着生产者规模的扩大，平台也面临着产出劣质内容的风险。为了应对这一挑战，平台需要在追求生产者数量和保证内容质量之间找到平衡。平台采取的对策之一是通过控制传播权限来降低资质门槛。新加入的生产者可以在注册后以"新手"身份开始创作，但其内容的生产数量和传播范围会受到一定的限制。这种策略使平台能够在不牺牲内容质量的前提下，大幅降低对生产者资质的要求，营造了"每个人都可以拥有一个头条号"或"轻松拥有个人电台"的开放参与环境。通过重设门槛，基于平台的内容生产成为一项无须追加投资、几乎不需要资质审查、大多数人都有能力参与的活动。

（二）分化结构：多样化激励

随着内容生产门槛的降低，来自不同背景、具有不同职业化程度和目标的生产者纷纷进入数字平台。为了有效地组织和引导这些异质主体的生产行为，平台制定了一系列多样化的激励机制，旨在满足不同生产者的需求和动机。为了激发全职生产者这一群体的积极性，平台会提供更为稳定和长期的收入来源，如通过广告分成、订阅模式、版权交易等方式提供更广阔的收益空间。

为了鼓励社会化生产者的参与，平台设计了"计件式"激励机制，即以内容产品本身的价值为激励基础，而非生产者的其他条件。这样的机制使偶尔参与内容生产的爱好者也有机会因其作品的受欢迎程度而获得奖励，从而激发更多人参与内容创作。

此外，平台还实施了"培育式"激励措施，例如提供创作资金、工作空间、增加作品曝光率等资源和支持，以帮助生产者提升创作能力和作品质量。这些措施不仅为社会化生产者提供了转型为兼职或全职生产者的机会，也为兼职生产者提供了进一步发展和专业化的可能性。

通过这些激励机制的实施，平台成功地打破了"只有全职生产者才能产出有价值内容"的传统观念束缚，促进了内容生产的多样化创新。平台的这种开放性和包容性吸引了大量的生产者，他们通过从事特定的内容生产活动（如写作、录制音频、拍摄视频等），逐渐形成了新的职业身份，如内容创作人、主播等。这些新兴职业与传统的内容生产者相比，具有更强的灵活性和多样性，他们可能来自社会的各个角落，拥有不同的背景和专业水平，因不同的目的而投身于内容创作。正是这种混杂性和流动性，为平台带来了规模化的内容生产和丰富的内容。

二、成本缩减：提供辅助资源

随着大量社会化生产者涌入平台，原本由专业人员从事的内容生产"工作"需要被转化为普通人经过适度努力即可完成的"日常活动"。为了填平"专业工作"与"日常活动"之间的鸿沟，平台提供了创意原型、生产基础设施、内容生产工具箱三类辅助资源。通过使用辅助资源，内容生产的难度有所降低，在生产中投入的时间、精力等各类成本被减少到社会化生产者可以接受的范围。

（一）提供创意原型

创意的产生依赖于生产主体对内容产品的深刻理解，以及对定位、选题、叙事技能的熟练掌握。这些能力形成于数以年计的实践经验，并最终凝结成"只可意会，不可言传"的默会知识。

为了帮助生产者克服创意难题，平台采取了一系列策略，其中之一就是知识形式转换。这种转换涉及将难以言传的默会知识转化为更加具体、易于理解的范例和模板。通过这种方式，平台为生产者提供了可以直接模仿、修改和重建的内容创意原型。这些原型实质上是将专业技能和默会知识进行打包和封装，使生产者能够以更低的学习成本和更高效的工作方式参与到内容创作中。平台通过提供内容生产指南、成功案例分析、创作模板等方式，使生产者能够依据不同的原型进行内容填充和模块调整。这种策略不仅解决了生产者在创意过程中的困惑，也极大降低了创意的门槛和成本。例如，抖音平台的"拍同款"功能就是一个典型的例子，它允许生产者使用已有的视频模板进行创作，从而快速产生新的内容。尽管原型对创意的影响效果仍存在争议，但它确实降低了创意成本，使内容生产不再囿于专业群体。

（二）提供生产基础设施

生产者驾驭数字化工具的能力决定了内容生产水平。因此，技术不仅为内容生产提供新的工具，也带来了新的工具性限制。为了突破限制，平台提供了内容生产的基础设施——采编系统。通过将生产环境数字化，采编系统改变了先创意后数字化的生产流程，解决了"数字化"这一基本技术问题。

首先，采编系统易于使用。为了达到生产者"不用知道它们如何工作就可以使用这些创新成果"的效果，平台特意将采编系统制作成封装式软件。封装式结构实现了生产中技术与内容的分离，生产者用它们创作新的内容却无须担忧数字化技术的复杂性。任何使用过手机文字编辑或录音录像功能的人都有能力在略加尝试后使用它们，无须进一步习得操作知识。

其次，采编系统能够提供共同的基础支持。不同生产者可以借助它产出不同主题、创意和复杂程度的内容。这种基础设施的适应性普遍降低了内容生产中技术成本的投入。采编系统赋予了生产者较大的创意空间，任何符合兼容标准的内容产品都被视为一个独立的模块，运行自身的创作规律，从而确保了基础设施对异质内容生产的适应性。

（三）提供内容生产工具箱

内容生产工具箱是平台为了解决内容生产过程中的具体问题而提供的一种资源集合。它旨在将生产能力赋予生产者，使他们能够在分布式生产环境中独立完成内容模仿、初步创意、原型制作，并对内容进行评估和持续改进。这些工具箱通常包含一系列辅助生产的工具和功能，覆盖了内容制作的各个环节，从而显著降低了生产者在内容创作过程中的投入成本。

平台提供的生产工具箱不仅包括内容制作的技术工具，还涵盖评估和修改环节的辅助功能。这些工具使生产者能够更加便捷地对内容进行编辑、优化和迭代。生产界面的设计作为平台与内容产品之间的直接连接点，决定了内容产品的结构和制作流程。生产界面的基本结构通常包括标题、文本输入框、录音和视频拍摄功能、台词和配乐选择、特效添加等元素。同时，界面的交互式向导模式指导生产者按照既定的流程进行内容制作，如抖音平台的拍摄、编辑、发布环节，这些环节共同构成了短视频的完整制作流程。

通过上述制作工具及其确定下来的生产常规，平台为生产者提供了既定的内容框架和制作流程，生产者只需亦步亦趋地遵循这些步骤即可完成制作。通过使用创意原型、生产基础设施和内容生产工具箱三类资源，分布式生产者可以自助完成"创意—制作—评估—修正—再创意"的迭代过程，在重复的"试错—修正"过程中，生产者的生产能力逐步提升。

三、防范谬误：把控生产质量

数字内容生产的特殊性在于其不仅融合了多种技术和表达手段，而且越来越依赖于数字科技，尤其是人工智能（AI）技术，以实现连续生产和自动生成。然而，这种生产方式也带来了内容质量把控方面的挑战和隐忧，主要体现在以下四种谬误。

（1）表达效果减损：为了适应移动媒体的特性和满足用户需求的变化，生产者可能会采用多种表达手段来制作数字内容。然而，这些手段并不总是能够提升表达效果，有时反而可能会削弱信息的传达。生产者可能并未意识到这种减损的发生，也不清楚如何有效地抑制这种情况。

（2）累积谬误：数字内容生产的连续性和自动生成的特性可能导致小的误差在不断累积中变成大的错误。这种累积谬误可能会随着内容的不断生成而逐渐放大，对内容的整体质量造成影响。

（3）隐含偏差：在数字内容生产的连续过程中，偶尔出现的异常点可能会对生成结果产生隐含的偏差。这种偏差可能不易被察觉，但在大量内容生成中可能会导致系统性的问题。

（4）预设偏离：深度学习算法在不断运作的过程中可能会产生偏离预设目标的结果，或者出现设计者难以解释的行为。这种不确定性可能会给内容的质量和可靠性带来风险。

针对这些问题，把控数字内容生产质量的关键在于防范谬误衍生。为此，需要设计和实施一系列针对性的措施，面对即传性越来越强的数字内容生产，需要针对性设计把关人实时审控的岗位、制度和技术手段，智能校控的环节和能力，及时补救的制度和手段。并在此基础上，建立起整套的数字内容生产内部质量控制、外部监管体系，确保数字内容生产的每一环节都受到有效监控。

第四节　数字内容运营的算法本质

算法是计算机科学中对解决特定问题的一系列定义良好的操作步骤或指令集合。它们是编程和软件开发中不可或缺的组成部分，为解决复杂问题提供了系统化和结构化的方法。根据应用范围和专业程度，可以将算法分为基础算法和专业领域算法。

基础算法是所有程序员在其职业生涯中都应该掌握的基本知识和技能，通常在大学的计算机科学和相关专业课程中进行教授。专业领域算法是针对特定行业或应用领域设计的算法。例如，在金融领域，算法可能用于风险评估和投资组合优化；在医疗领域，算法可以帮助进行疾病诊断和治疗方案的制定；在机器学习和人工智能领域，算法用于图像识别、自然语言处理、预测分析等任务。

在数字内容平台的应用中，算法推荐是一种常见的营销策略，它通过分析用户的行为、偏好和社交网络等数据，为用户推荐个性化的内容和产品。数字内容平台利用算法推荐系统，可以根据用户的历史行为和偏好，精准推送相关内容，从而降低库存成本，实现更高效的内容分发和销售。

一、相似度匹配算法

相似度匹配算法是一种广泛应用于推荐系统的算法，旨在通过综合考虑内容、用户和环境三个基本维度来实现精准匹配。这种算法的设计和实施需要深入理解每个维度的特点，并采取适当的策略和技术来提取和利用相关信息。

（一）内容特征

不同类型的内容，如图文、视频、用户生成内容（UGC）小视频等，都有其区别于其他的特征。为了做好推荐，算法需要能够有效地提取这些不同内容类型的特征。对于文本内容，特征可能包括关键词、主题、情感倾向等；对于视频内容，可能包括视觉元素、音频特征、场景识别等。此外，对于新上传的内容，需要有一套有效的分类机制，以及对标题、热门话题的敏感度，这些都是精细化运营的关键。

（二）用户特征

用户特征的构建通常基于用户的行为数据、个人信息及与平台的互动历史。这些特征可以是显式的，如用户自行填写的职业、年龄、性别等，也可以是隐式的，即通过算法模型分析用户行为而得出的兴趣标签。深入理解用户特征对于提供个性化推荐至关重要。

（三）环境特征

环境特征的考虑是移动互联网时代推荐系统的一个重要特点。用户的移动性意味着他们会在不同的时间和空间使用推荐服务，如工作场所、通勤途中、旅行中等。这些不同的环境和场景可能会影响用户的信息偏好和需求，因此算法需要能够识别和适应这些变化，以提供更加贴合用户当前状态的推荐。

为了实现这三个维度的有效匹配，相似度匹配算法通常会采用一系列的数据处理和机器学习技术。例如，可以使用自然语言处理（NLP）技术提取文本内容的特征，利用协同过滤、深度学习等方法分析用户行为和偏好，以及通过地理定位、时间序列分析等技术捕捉环境特征。

二、用户投票算法

用户投票算法是一种基于用户互动行为进行内容推荐的方法。它不依赖于内容的标签归类匹配或用户兴趣的直接分析，而是通过收集和汇总用户的投票行为进行推荐。这种方法的核心在于量化用户的投票行为，并将其作为推荐的主要依据。

用户的投票行为通常包括但不限于以下几种。

（1）完播：用户完整观看视频或听完音频的行为，表明用户对内容的高度关注和兴趣。

（2）点赞：用户对内容表示喜欢的行为，是最直接的正向反馈。

（3）评论：用户对内容发表评论，表明他们参与了互动并对内容有自己的看法。

（4）转发：用户将内容分享给其他人，意味着他们认为内容具有价值或吸引力。

（5）关注：用户关注某个创作者或主题，表明他们对该创作者或主题有持续的兴趣。

为了量化这些用户行为，平台通常会采用"实时推荐训练"机制，即通过算法模型快速捕捉并赋予不同行为信息相应的权重。在内容运营过程中，系统会特别关注这些用户行为样本数据的收集和分析。通过这些数据，平台能够了解哪些内容受到了用户的欢迎，哪些内容能够激发用户的互动，从而有效地从庞大的内容库中筛选出用户可能感兴趣的内容。这种方法不仅提高了推荐的准确性和个性化程度，也有助于平台优化内容策略，提升用户体验。

三、"去中心化"的赛马机制

"去中心化"是一种系统架构和设计理念，其核心在于将权力和功能分散到众多节点中，每个节点都拥有较高的自治性。在这样的系统中，节点之间可以自由地建立连接，形成新的网络结构。去中心化的特点在于其开放性、扁平化和平等性，它不是摒弃中心的概念，而是实现了中心的多元化，使任何一个节点都有可能成为网络中的中心节点。

在用户投票的机制下，优质的内容更容易获得更多的用户链接和关注，从而形成一个或多个中心节点。这些节点的影响力随着链接和互动的增加而增强，形成了一个正向的激励机制。这种机制鼓励内容创作者生产高质量、有价值的内容，因为这样的内容更有可能受到用户的青睐和推广。

"赛马机制"是一种公平竞争的模式，它通过让用户投票来决定内容的可见度和推广程度。在这个机制中，新发布的内容首先被分配到一个基础流量池，这是内容获得用户投票的初始阶段。如果内容在第一轮流量池中获得的投票数量达到了系统设定的阈值，内容就会被推荐到更大的流量池中进行第二轮投票。这个过程可以持续进行多轮，每一轮都是对内容受欢迎程度的一次测试。如果一项内容能够在每一轮投票中持续晋级，它就有可能成为一个热门视频。这种机制确保了内容的推广是基于用户的实际反馈，而不是平台的单方面推荐。这样的"赛马机制"不仅为用户提供了发现优质内容的机会，也为内容创作者提供了公平竞争的平台。

本章小结

本章首先梳理了数字媒介内容的发展历程，进而对数字信息技术的演进逻辑进行了归纳，在此基础上，揭示数字内容生产的核心要素和数字内容运营的算法本质。通过本章的学习，可以全面了解数字媒介内容的发展路径与规律，并对发展背后的技术本质进行深入思考。

思考与实训

思考

1. 数字内容生产的发展趋势如何？
2. 技术在数字媒介演进中扮演了怎样的角色？
3. 数字内容生产中如何防范谬误衍生问题？
4. 如何在算法驱动下进行数字媒介内容深耕？

实训

人工智能（AI）技术在数字内容生产领域的应用日益广泛，它不仅能够自动从互联网上采集和整理内容，还能够基于已有数据自主创作新的内容。以下是两个关于AI助力自动化数字内容生产的案例分析。

案例一：聊天机器人程序

ChatGPT（Chat Generative Pre-trained Transformer）是一款由OpenAI开发的高级自然语言处理（NLP）模型，它通过深度学习技术能够理解和生成自然语言文本。它能够进行复杂的语言理解和生成，还能根据聊天的上下文进行互动，真正像人类一样聊天交流，能完成撰写论文、脚本、文案、翻译、代码、文学创作等任务。

案例二：人工智能文生视频大模型

Sora是OpenAI发布的一款人工智能文生视频大模型，通过深度学习技术，能够理解文本描述并生成相应的视频内容，该模型能够处理复杂的场景和对象，生成逼真的动态画面，从而在电影制作、游戏开发、虚拟现实（VR）体验，以及教育和培训视频的制作中发挥重要作用。即使是没有专业视频制作背景的用户，通过Sora也能够创造出高质量的视频内容。

问题讨论

1. 随着AI在艺术创作领域的应用日益广泛，AI技术对数字内容生产的影响主要表现在哪些方面？
2. 在数字内容生产领域，AI技术如何与人类创作者形成互补和协作的关系？

第二章

数字内容的用户驱动

作为一款归属于Z品牌的短视频分享平台，该视频App以其独特的市场定位——既提供知识性内容以拓展用户视野，又允许用户观看和分享电影片段而脱颖而出。该平台的内容频道覆盖了文化、科技、财经等多个领域，旨在满足不同用户群体的多元化需求。根据最新的统计数据，该视频App的月活跃内容创作者已超过320万，月活跃用户数突破1.8亿，日均视频播放量更是达到了40亿次。在国内众多视频平台中，该App以其庞大的用户基数和广泛的覆盖范围而占据了显著的市场地位。

从用户群体的构成来看，该平台的用户性别比例大致为男性54%，女性46%。在年龄分布上，25~35岁的用户群体占据了总用户数的45%，显示出该平台在年轻成年人中的影响力。此外，三线及以下城市用户在该平台的用户构成中占据了半数以上，这可能与这些地区用户对短视频内容的高接受度和参与度有关。

该视频App的核心优势之一在于其强大的推荐系统，系统通过收集用户观看视频的频次、点赞、评论等行为数据，分析用户的兴趣偏好。利用先进的算法技术，平台能够向用户推荐新鲜、有趣且高度个性化的视频内容，同时为内容创作者提供了一个高效的渠道，使其作品能够触及全球观众。

为了进一步满足内容创作者的需求，该视频App在2021年与其他短视频平台共同发起了"中视频伙伴计划"。该计划的目标是通过提供技术支持、培训资源和创作指导，帮助更多普通用户转型成为优质的中视频内容创作者。此举不仅有助于丰富平台的内容生态，也体现了该视频App对于内容创作者权益的重视，确保每一个用心的创作都能获得更好的展示和服务。

传媒产业随着互联网技术和移动智能技术的发展经历了数次的变革，改变了传统的信息传播模式，使信息生产关系中被动接受的"受众"转变成主动分享的"用户"。在数字时代，用户的主体性得到了提升，其生存的特点、行为和心理过程变得多元化、可视化和无结构化。本章从用户定义出发，探索数字时代中用户的特征、画像、标签，以及用户的心理和行为分析等相关内容。

第一节 用户的定义及特征

"用户"一词最早是经济消费领域热门的词汇，一般是指服务和产品的消费者、使用者，具有主动性和自主选择权。可以说，自将"用户"引入互联网领域后，随着信息技术的发展，互联网不断渗透到其他领域，当传媒领域与互联网技术深度融合后，在很大程度上改变了受众的地位和行为。面对数字时代，重新定义受众及分析受众的特征是无法避免的。

一、用户的定义

什么是"用户"？通常来说，人们日常在使用某一产品时，就会被认为是用户。用户是指所有接受某一项产品服务的客体，不单指某一类人，泛指所有享受服务的个体或组织。换言之，也可以将用户理解为使用者，即产品或服务的无偿使用者。在数字时代，大部分互联网产品都会将用户定位于一类人——年轻人。通过用户描述的不同维度，从而对用户进行分级。一般可以将用户分为普通用户、目标用户和粉丝用户三个层级（图2–1）。

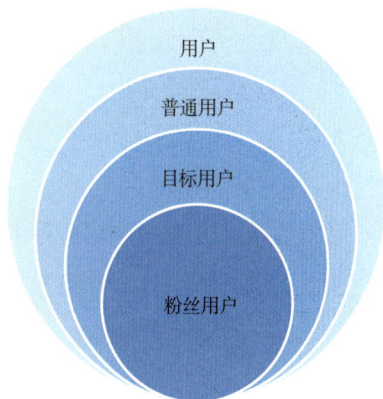

图2–1　用户的三个层级

（一）普通用户

普通用户指理论上有需求使用产品的人，如，某些英语公众号的关注者，很多不是从事英语工作的，未来也不打算以英语为职业，他们只是对英语感兴趣，想学习更多的专业知识技能，完善职场技能成长的知识结构。

（二）目标用户

目标用户指在普通用户中有需求使用的，并且是产品希望服务和获取的用户。仍然以英语公众号关注者举例，一方面，英语专业的学生需要学习更多英语专业知识，其就是产品的主要目标客户；另一方面，公众号是专业知识自媒体，也吸引了很多英语从业者关注。公众号中除了输出原创的专业干货，也会在文章里推荐一些不错的付费课程，满足用户更多的学习成长需求。

（三）粉丝用户

粉丝用户是指频繁使用产品，并且成为忠实用户的人。在公众号中也有这样的用户，他们可能是客户，也可能会买推荐的课程，信任度高、黏性高，愿意为公众号做主动传播。真正的粉丝用户，从来都是无论何时都支持产品，希望产品能成功，任何一个品牌的产品，都要找到自己的粉丝用户，这是成功的开始。

二、数字时代用户的特征

数字时代不仅是传媒产业技术的跨度，也是一种生存空间。在这样一种空间中，用户具有不同于受众的生存特点（图2-2）。

（一）数据化生存

数字时代，个体有了另一种生存方式，那就是数据化生存。数据不仅是个体思想与见解的记录，也是个体行为、活动的另一种形态，数据成了个体的映射与化身。从信息技术角度来看，任何数字化的信息都是数据。

图2-2　数字时代用户的特征

从个体对数据的控制关系角度看，个体的数据有三种形式。第一种是个体被动产生的数据内容。例如，作为用户，人们进入网络中的各种社区，都要进行注册并提供相应的个人信息，这些用户信息的形成是由网站发起的。第二种是个体主动生产的数据内容。无论是在论坛、即时通信、博客，还是在 SNS、微博、微信，用户都会自主制造出大量的内容。这些内容也是数据。第三种是介于主动与被动之间的数据。如可穿戴设备形成的用户数据。用户在使用可穿戴设备方面具有主动性，或者说可选择性，一旦使用这些设备，设备产生的数据就是用户难以左右的，因而用户在这方面又有一定的被动性。

（二）视频化生存

视频化生存直接取材于现实生活，即使缺乏文字表达能力的普通人，也容易凭借视频产生存在感。视频化生存不仅意味着人们以视频这样一种符号方式存在与互动，也意味着人们日常生活的媒介化。视频不仅是记录与展现方式，也是一种社交，基于视频的相互陪伴，也成为视频化生存的一个重要部分。

其中，视频直播对于视频化陪伴尤为重要。直播和其他视频分享之所以能带来陪伴效果，一个重要原因是私人空间与私人活动的开放。以往电视、电影这样的视频媒体不能提供这种开放性，文字表达也难以营造这样直接的近距离氛围。而视频平台中人们更多观看的是陌生人，视频带来的是陌生人之间的相遇与相互陪伴，是一种虚拟或想象的亲密关系。虽然这样的关系基本不能带来实际的社会资源，但在心理上，随机的相遇和陪伴会让人更放松，它既能帮助人在一定程度上减轻孤独感，又不会给人带来心理上的负担。

（三）节点化生存

网络将终端、内容、人、服务等连接起来，使之成为一张巨大的网。而网络用户在这张网中的角色，是一个个节点。近十年来的社会化媒体应用，更使用户作为节点的存在感变得明晰。今天的网络，不只是向用户提供内容，还需要向他们提供社交平台，以及与生活工作相关的各种服务。

每个用户在内容、社交、服务这三方面的需求和行为特征都是有关联的。人们对于内容的需求可能会决定他们选择什么样的社区。社区中的氛围会影响人们的内容选择取向。而人们在内容消费上的偏好，也会与其服务需求有一定的相关性。但今天三种不同的平台并没有被完全打通，将用户的内容、社交和服务需求与行为作为一个整体来认识，挖掘三个方向上数据的相关性，将是未来用户分析的一个重要拓展方向。

（四）并发性生存

数字时代，用户在网络中的生存还出现了另一个特点，即并发性。移动终端越来越显得"无所不能"而又随时可得，人们在同一时空里可以做的事越来越多，这也意味着人的行为的"多道并发性"。

移动终端使越来越多的人"一心二用""一心三用"，就像计算机并行处理多道进程一样。然而就像计算机在运行多道进程时可能会出现问题一样，人的处理器——大脑在多道任务中不断跳转进行处理时，也许同样会产生"内存"等资源不足，甚至"死机"的现象。尽管短期内有些用户的潜力可能会因此被进一步激发，但长期多道并行处理，也可能会使用户的注意力难以集中，处理任务的效率反而下降，甚至导致人的记忆力减退。

（五）个性化生存

用户作为媒体内容的消费者，替代了受众。"用户"所强调的"用"，可以说，在数字时代，用户不仅在使用媒体产品，而且通过网络平台，媒体可以主动知道用户在使用媒体产品的过程里做了哪些行为。

数字时代网络将不同学历、不同年龄段、不同区域的受众汇聚在一起，他们无论是文化水平还是生活习惯都有很大的不同。不同的思想在互联网中相互碰撞使用户自我意识不断觉醒，受众渴望在网络中寻找自我价值和定位。所以他们的具体要求越来越独特，变化越来越多样，个性也越发凸显。在清晰地了解用户后，用户在传媒业中成为一个个的具象化的个体。基于用户的特点，媒体所能描述的用户画像逐渐变得清晰化、个体化。

第二节　数字内容用户的画像与标签

用户画像的内容很宽泛，只要是对用户的认知，都可以叫作用户画像。在数字时代，用户画像的作用远不止于此。用户的行为数据无法直接用于数据分析和模型训练，企业也无法从用户的行为日志中直接获取有用的信息。而将用户的行为数据标签化以后，企业对用户就有了一个直观的认识。同时，计算机也能够解读用户，将用户的行为信息用于个性化推荐、广告精准投放和智能营销等领域。

一、数字内容用户的画像

步入数字时代后，用户行为给企业的产品和服务带来了一系列改变和重塑，其中最大的变化在于，用户的一切行为在企业面前是可"追溯"和"分析"的。随着大数据技术的深入研究与应用，企业的关注点日益聚焦在如何利用大数据来为精细化运营和精准营销服务，而要做精细化运营，首先要建立本企业的用户画像。

（一）用户画像的基本概念

1.用户画像的定义

用户画像是指产品设计、运营人员从用户群体中抽象出来的典型用户。一般来自用户访谈、用户研究，帮助我们去感性地认识当前的产品主要服务的用户是什么类型的人。

例如，在用户调研阶段，产品经理通过问卷调查法、访谈法等了解用户的共性与差异，汇总成不同的虚拟用户；在产品原型设计、开发阶段，产品经理围绕这些虚拟用户的需求、场景，研究设计产品用户体验与使用流程等。需要注意的是，用户画像不是一个真实的用户，而是目标用户群体的虚拟代表。它的特征是从用户调研中抽离出来的，包含目标用户的需求、行为模式等，汇集了广泛目标用户群体的关键特征。

2.构建用户画像的意义

（1）加深对用户需求的理解。用户画像将用户的信息完整地呈现给产品研发团队，这有助于团队成员了解目标用户。产品研发团队对目标用户越了解，能挖掘出的用户需求越多，对用户的行为预测就越有把握，进而创造出既能满足用户需求又符合用户特征的设计方案。例如，在产品设计早期，可以通过用户调研和访谈的形式了解用户。在产品用户量扩大后，调研的效用降低，这时候会辅以用户画像配合研究，如新增的用户有什么特征，核心户的属性是否变化等。

（2）优化产品研发和用户体验。在传统的商业模式中，许多企业都是粗放生产、粗放经营的，导致许多产品存在滞销的现象。另外，这种闭门造车的生产方法往往会使研发出来的产品根本吸引不了用户，满足不了用户的需求。用户画像清晰直观地展示了目标用户的目标、需求和动机，这将使产品研发团队以真正的用户为中心展开设计，从而提升用户体验，只有这样才会促进企业的产品营销、盈利。

（3）预测目标用户的行为。用户画像帮助产品研发团队了解用户的喜好、动机、目的、需求、习惯等，进而从一定程度上对用户行为进行预测。这有利于产品研发团队做出更好的设计方案，而不用针对每个设计方案都进行可用性测试。这种精准营销是运营最熟悉的方式，从粗放式到精细化，将用户群体切割成更细的粒度，辅以短信、推送、邮件、活动等手段，驱以关怀、挽回、激励等策略。

（4）便于实现精准化营销。精准化营销是指产品和用户之间有强烈的针对性。用户画像更精准，企业和用户之间的联系就更加密切，营销效果就会更好，同时能为企业节约大量成本。如果舍弃对自己产品熟悉的用户而选择了对产品不熟悉的活动对象，结果获取到新用户花费的成本是原来的十几倍。例如，淘宝电商利用搜索引擎优化（SEO）技术，可以有效推广产品，借助智能推荐技术，可以根据用户以前的购买行为进行商品推荐，提高营销效率。

（二）构建用户画像的方法和步骤

用户画像是分析用户驱动必备技能之一，可通过构建用户画像分析客户、了解客户、挖掘需求，从而提高转化率和复购率。下文以某品牌的一款酸奶麦片为例，讲解构建用户画像的方法和步骤。

1.用户画像的构建方法

（1）发现用户。目标：发现该品牌酸奶麦片的用户及数量，以及他们对品牌的了解程度。使用方法：数据资料分析法。可以通过搜集该品牌酸奶麦片线上和线下的购买记录，或者是用户评价进行用户的数据分析，形成该品牌酸奶麦片的用户报告。

（2）建立假设。目标：假设购买该品牌酸奶麦片用户之间的差异，如性别、年龄、收入等。使用方法：通过查看一些材料标记出该品牌酸奶麦片的目标人群。

（3）调研。目标：基于上述目标人群，建立该品牌酸奶麦片用户画像调研，如用户是否喜欢该品牌酸奶麦片、用户购买该品牌酸奶麦片的内在需求和价值是什么。使用方法：数据资料收集。可以通过访谈或问卷调查等方法进行数据收集，形成该品牌酸奶麦片用户的调研报告。

（4）发现共同模式。目标：基于用户的调研报告，发现该品牌酸奶麦片用户的相同标签，继而挖掘潜在的用户群体。使用方法：分门别类法。对收集到的用户数据进行不同种类的划分，可以按照不同的年龄阶段、收入情况和口味喜好等分类。

（5）构造虚构角色。目标：通过用户的调研报告，搭建该品牌酸奶麦片用户的基本信息（姓名、性别、照片）、性格（外向、内向）和背景（职业）。使用方法：分门别类法。即对该品牌酸奶麦片用户的性别、性格，不同的职业或教育背景进行归类。

（6）定义场景。目标：定义该品牌酸奶麦片用户画像的需求所适应的场景，如是适应于线下超市售卖还是线上电商销售。使用方法：寻找适合的场景。可以通过试运营的形式或观察法等方法来判断该品牌酸奶麦片售卖的适合场景。

（7）创建剧情。目标：给该品牌酸奶麦片设定一个场景，如"618"电商促销活动。在既定的目标下，观察当目标用户画像使用购买发生的变化。使用方法：叙述式剧情法。通过该品牌酸奶麦片以往的用户案例，假设下次用户画像的描述和场景形成的剧情。

（8）持续发展（是否有新的信息改变角色）。目标：通过以上的场景设定，判断新的用户信息或数据是否导致原有人物角色模型的变化，以及是否需要进一步修改。使用方法：可用性测试、新的数据收集等方法。由专人负责，帮助所有研究者输入该品牌酸奶麦片用户调研的最新数据。

2.用户画像建立的步骤

创建用户画像通常分为收集用户数据、整合用户画像、完善用户画像、选择主要用户画像、分享用户画像五个步骤。以下仍然以某品牌的酸奶麦片为例。

（1）收集用户数据。虽然用户画像是虚构的，但它是根据真实用户的数据而创建的。为了创建详尽的用户画像，产品研发团队需要制订多种类型的问题。关键问题可能涉及性别、年龄、城市、职业、收入、购物习惯、兴趣及生活习惯等。产品研发团队应根据实际情况删除或增添一些匹配产品目标的问题，重点是要基于产品类型和使用场景去制订有针对性的问题。

有些时候用户可能并不了解自己行为背后真正的驱动因素。例如，用户购买酸奶麦片的原因是猎奇心理，好奇酸奶麦片的形状和口味，但其背后购买的理由可能只是为了饱腹。所以在这个阶段，产品研发团队除了了解用户的一些基本信息外，还要深入挖掘用户行为驱动因素，通过多问"为什么"来了解用户行为背后的深层动机。在某些情况下，可能没有充足的时间和资源与目标用户面谈。但是可以通过对竞争对手产品的洞察来创建用户画像，具体渠道包括电商产品页下的评论、同类产品相关社区及社交媒体上相关产品的话题。

（2）整合用户画像。用户调研后，已经得到初步的用户画像。通过数据分析，可以找出各目标用户群体的共性，如，他们面临的问题、解决问题的方案、目标和动机、期望的结果、关注点等。在此阶段，产品研发团队最关键的任务是对具备相似特征的用户画像进行合并。通常，最有效的方法是优先考虑对具有同样目标和动机的用户画像进行合并。

例如，该品牌酸奶麦片的用户画像中，上班族A用它作为早餐，用户画像中的学生B也用它作为早餐，而用户画像中的学生C则将它当作日常零食。可以看到，对于该酸奶麦片来说，上班族A和学生B的目标是一致的，即作为早餐，所以他们是同一类用户，应该进行合并。而C虽然也是学生，和学生B的背景相似，但因为其目的与学生B完全不同，所以学生C被归为另一类用户。这个步骤简化了逐个对比分析初步用户画像的过程。因此，要完善用户画像，并对其进行优先级排序。

（3）完善用户画像。完成对用户画像的整合后，就可以进一步完善用户画像，应确保每个用户画像都有一个名称和详细描述，以使用户画像更加真实。而用户特征列表不能代表用户画像，用户画像是某类用户群体的真实描述。如该品牌酸奶麦片用户的姓名、性别、照片、人口统计信息、动机、使用习惯和场景、目标、了解酸奶麦片的途径，以及对酸奶麦片的关注点。

但须注意，上述内容只是提供了一个参考，研发人员可以根据实际情况或产品的类型对用户画像的内容进行自由调整。在完善用户画像时，利益干系人应尽可能多地参与进来，因为他们对用户画像的接受和认可是非常重要的，否则可能会在后面的产品功能定义阶段产生分歧。

（4）选择主要用户画像。产品研发团队主要是针对用户画像设计产品，因为不可能为所有类型的用户设计。所以，要对所有用户画像的关键特征进行分析，找到一个具备绝大多数用户特征的用户画像，并将它作为主要用户画像。针对主要用户画像而设计的产品，通常应满足其他用户画像的大部分需求。

然而不同的用户画像对产品的需求可能存在一些重叠。例如，大部分用户需求包装设计容量大，而少部分用户需求包装设计便于携带。或者有些用户既需求酸奶麦片的甜度，又需求酸奶麦片可以达到减肥的效果。这时，可以选择忽略某些次要用户画像。虽然他们也会使用产品，但是设计方案不必特意迎合他们。如果团队中有真实的目标用户，产品研发团队就不用对目标用户的特征和需求盲目地猜测和验证，这会极大提高产品的设计效率。

（5）分享用户画像。尽可能多地与利益干系人分享用户画像。尽早将用户画像分享给那些产品设计团队之外的人，包括未来将参与进来的人及外部合作伙伴，目的是让团队对目标用户是谁、用户目标是什么等达成一致，时刻提醒团队从目标用户的角度去思考问题。要注意，用户画像并不是一成不变的，可以随着对用户了解的深入，不断进行调整。

例如，酸奶麦片的新用户一开始关注的是产品的实用性，如包装容量、饱腹感等。但随着用户频繁地使用此产品，这时候用户关注的可能是产品的功能，如口感层次是否丰富、是否易消化、是否富含营养元素等。所以，不要想一次性建立完美的用户画像。值得注意的是，用户画像的应用不限于用户调研阶段，而是贯穿整个产品的研发过程。它应成为企业制定所有决策的出发点。最后，基于上述步骤形成该品牌酸奶麦片的用户画像（图2-3）。

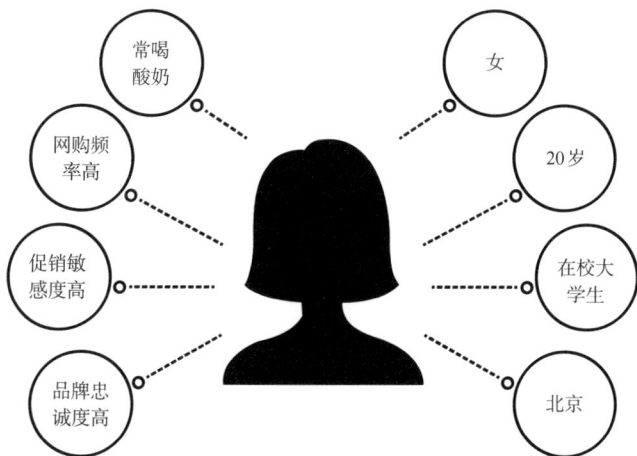

图2-3　某品牌酸奶麦片的用户画像

（三）用户画像应用的领域

1.搜索引擎

随着计算机技术和网络技术的飞速发展，互联网已在人们日常生活中发挥着越来越重要的作用。面对互联网用户数量的激增和信息的爆炸式增长，如何更好地利用互联网为用户快捷地提供所需的服务是一个值得研究的问题。

通过采集用户注册信息、访问日志及查询信息，可以构建用户画像。在提供搜索服务时，根据用户输入的搜索关键字及已构建的用户画像，猜测该用户可能想要得到的信息，从而将该用户最可能需要的信息显示在最前面，提高用户的搜索体验。例如，抖音平台的算法，其基本思路就是将具有类似兴趣爱好的人归为一组，为属于不同组的用户给出不同排序的结果，同时还利用了网际互连协议（IP）、位置等信息进行基于规则的过滤。

2.推荐系统

用户画像的主要应用领域即推荐系统。下面将选取某购物平台作为电子商务的代表来做简单介绍。该购物平台通过记录用户在站点上的行为，包括浏览物品、购买物品、将物品加入收藏夹等，同时提供了评分等用户反馈的方式，这些共同构成了用户画像的数据来源，根据不同数据的特点对它们进行处理，并分成不同类别为用户推送推荐，包括以下几种。

（1）当日推荐。通常根据用户近期的浏览记录或者购买记录，结合时下流行的物品给出一个综合的推荐。

（2）新品推荐。采取基于内容的推荐机制，将一些新物品推荐给用户。在方法选择上，由于新物品只有较少的用户喜好信息，所以基于内容的推荐能很好地解决这个新物品"冷启动"的问题。

（3）关联推荐。采用数据挖掘技术对用户的购买行为进行分析，找到经常被一起或被同一个人购买的物品集，从而进行关联推荐。

（4）他人购买/浏览商品。这也是一个典型的基于物品的协同过滤推荐应用，通过社会化机制，用户能更快、更方便地找到自己感兴趣的物品。

3.其他业务定制与优化

用户画像也常常应用在个性化业务定制领域。例如，目前比较火的个性化阅读。新闻客户端根据用户画像，从读者的行为习惯和阅读经历来"定制"内容，为不同用户显示不同新闻，最大限度地满足用户的个性化阅读需求。这种机制还允许根据用户的实际行为来进行反馈调整，从而根据用户兴趣变化动态更新内容。

此外，由于用户画像提供了丰富的用户标签体系，可以为个人信用评级提供详细的数据参考。如根据用户的年龄、文化程度、职业、家庭状况、购买习惯、购买能力等，可以对用户信用进行全面的了解和评估，从而应用于信贷评分，并进行相应程度的金融信贷支持。如京东白条也是基于用户在京东的信用体系评级而匹配额度的，在其他金融信贷业务中也将作为重要参考。

二、数字内容用户的标签

标签化是用户定性画像的核心，标签化的用户画像既方便人们的理解，又方便计算机分析和程序化处理。在标签化后，计算机可以自动完成分类统计功能，将标签信息与用户的视频浏览、点播行为数据相结合，进一步预测用户的喜好，这对于搜索引擎、广告投放等应用领域都有着显著的意义。

（一）标签的基本概念

1.标签的定义

标签通常是人工定义的高度精练的特征标识，如年龄段标签（儿童、青年）、地域标签（北京、上海）。语义化和短文本是标签呈现出的两个重要特征，语义化特征赋予标签一定的含义，使人能够很容易理解这些标签；短文本特征使标签本身无须再做过多文本分析等预处理工作，这也方便了计算机的标签提取、聚合分析过程。标签的类型可以分为以下三种。

（1）统计类标签。统计类标签是最为基础也最为常见的标签，例如，对于某个用户来说，其性别、年龄、城市、星座、近7日活跃时长、近7日活跃天数、近7日活跃次数等字段可以从用户注册数据、用户访问与消费数据中统计得出。该类标签构成了用户画像的基础。

（2）规则类标签。规则类标签基于用户行为及确定的规则产生。例如，对平台上"消费活跃"用户这一口径的定义为"近30天交易次数≥2"。在实际开发画像的过程中，由于运营人员对业务更熟悉，而数据人员对数据的结构、分布、特征更熟悉，因此规则类标签的规则由运营人员和数据人员协商确定。

（3）机器学习挖掘类标签。机器学习挖掘类标签通过机器学习挖掘产生，用于对用户的某些属性或某些行为进行预测判断。例如，根据一个用户的行为习惯判断该用户是男性还是女性、根据一个用户的消费习惯判断其对某件商品的偏好程度。机器学习挖掘类标签多用于预测场景，如判断用户性别、用户购买商品偏好、用户流失意向等。一般来说，机器学习标签开发周期较长，开发成本较高，因此其开发所占比例较小。

2.建立标签体系的意义

（1）增加拉新。拉新指的是用最低的成本获取最多的潜在用户，可以分为主动拉新和被动拉新。以某游戏App为例，主动拉新指的是该App在应用市场上架后，凭借它的前端素材优化、资源位购买等，每天都可以获得一些稳定的新增用户。而被动拉新则指该App是通过自己的宣传推广，获得主动上门的用户。因此，企业可以建立标签体系来判断哪些用户是可以发展的潜在用户，从而更好地拉取新用户。

（2）增加留存。留存指的是用户在某段时间内开始使用应用，在使用过一段时间后，仍然在使用该应用的一种行为。例如，某音乐App为了更好地增加用户下载量，并维持原本的用户，该平台就会买下当前热度最高且播放量最高的影视音乐版权，让影视中的原声带在平台内进行播放。假设碰到一个本来想卸载该App的用户，他会因为平台的此行为选择留下来，成为稳定用户，甚至忠诚用户，一直留在该平台用户的数据中。建立标签体系是为了更好地帮助企业洞察到用户的喜好，从而维持原本的用户并增加新用户。

（3）降低流失率。流失率指的是那些曾经访问过或注册过该软件的用户，由于对此软件渐渐失去兴趣后而逐渐远离软件，进而彻底脱离该软件的那批用户。建立标签体系可以起到标注用户的活跃度，提醒企业增加留存的作用。例如，如果某阅读App的某个用户在14日内未登录，则该用户的状态将被标记为"潜在流失用户"，如果该用户没有被唤醒，则该用户的状态将被标记为"流失用户"。

（二）数字内容用户标签的主要内容

为了让粉丝黏性更高、更活跃，运营者要尽量做到推送的每一篇内容都是讨喜的。如何判断用户喜欢什么内容呢？这就需要通过分析数据，给用户贴上尽可能多的"标签"。用户标签的划分讲究方法和技巧。除了通过定性访谈、利用社会角色划分及借助问卷调研的方法划分，还可以更具体地从以下五个角度来进行用户划分，分别是区域、年龄、消费能力、需求及频率（图2-4）。

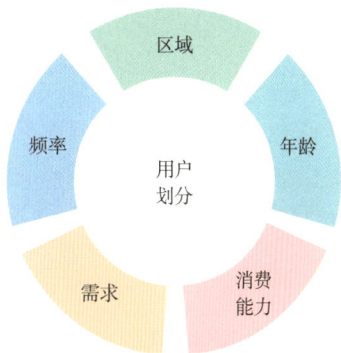

图2-4　用户标签划分的主要内容

1.区域

中国是一个地域广阔的国家。根据地理方位，我国一般分为东北、华北、华中、华东、华南、西南和西北七大地理区。所以企业的产品目标用户也会有地域划分。另外，区域也可以按照城市、乡镇、农村的级别进行划分。其中城市又可以划分为一线城市、二线城市等。城市与农村之间的经济水平存在较大差异，特别是两者之间的消费观念与消费能力有着明显的不同。因此，企业在进行数字内容用户运营的时候，一定要充分考虑这一要素。

2.年龄

借助年龄层次的差异，可以快速进行数字内容用户的划分。年龄不同，需求也就不同。以对音乐的需求为例，"80后""90后"与"00后"喜欢听的歌可能会不一样，具体表现在对音乐的类型的选择各不相同。由于不同年龄段的数字内容用户对音乐的需求不同，企业可以据此进行迅速划分，从而更科学地进行用户管理。因此，企业在做产品运营和用户运营时，一定要结合最先进的技术，综合考虑数字内容用户的年龄特征，智能地向他们推荐最适宜的产品。这样才会使用户满意，最终实现商品的销售和盈利。

3.消费能力

消费能力通常与收入能力密切相关。高消费人群使用的产品大都是比较高端的付费产品。他们比较追求产品的品质、档次、社会地位等。他们的消费观念一般比较前卫，消费能力也比较强。对于这类人群，企业在进行数字内容用户运营的时候，要注重宣传产品的特色，特别是产品富含的文化底蕴。这样，高消费人群就会眼前一亮，就会有购买的冲动。低收入人群，一般青睐物美价廉的产品。因此，企业在进行数字内容用户运营的时候，要十分注重产品的实际功效，注重产品的超高性价比。企业要根据用户的消费能力进行科学的数字内容用户划分，从而制订合理的营销方案，最终促进企业产品的销售。

4.需求

数字时代，创业公司都必须掌握用户的核心需求，这样才能利用新技术，实现产品的提升和颠覆，以提升用户的使用体验。同时，根据需求进行用户划分，也有助于产品的销售。心理学上有一条著名的"马斯洛需求理论"。马斯洛把人的需求划分为五个层次，分别是生理需求、安全需求、社会需求、尊重需求和自我实现。企业在进行数字内容用户运营时，也可以根据这五个层次对用户的消费心理进行划分。根据数字内容用户不同阶段的需求，制定不同的运营策略。当用户处于需求较低阶段时，企业的营销策略就要偏重于物美价廉型；当用户处于需求中等阶段时，企业的营销策略就要偏重于情感尊重型；当用户的需求较高时，企业的营销理念则要更加凸显个性。

5.频率

用户运营人员要学会利用频率来对数字内容用户进行划分。具体来讲，可根据用户使用频率的高低将数字内容用户划分为初级用户、普通用户和高级用户。用户的级别不同，企业采取的运营策略也要有所不同。对于初级用户来讲，企业不断激发他们的使用频率，让他们对产品、对企业的运营方式产生好感。对于普通用户，企业也要采取措施，激发他们的使用频率。对于高级用户，企业要积极与他们进行互动，满足他们的情感互动及交流需要，同时要给予他们一些特权，让他们在成员中成为意见领袖，同时对他们吸引来的新用户，给予适当的物质奖励，从而形成良性循环，促使企业的用户运营越做越好。

（三）数字内容用户标签的建立方法

1.数据收集

数据收集主要包括数字内容用户的属性、行为数据、内容偏好、交易数据四类。但是从互联网中获取的数据并不完全真实。例如，用户A性别为女，但从某电商App的历史消费记录看，购买的都是男性用品，实际上她是为男朋友购买的。这样的数据会对运营产生错误引导。所以，对数字内容用户数据的收集，仅靠运营团队是远远不够的，还需要技术团队通过大数据进行分析。通过大数据算法和模型，以用户行为数据为基础，结合业务数据等多种数据源，帮助企业构建用户智能标签，赋能业务实现用户标签的自助式创建、维护和管理，使用户画像更为精准，更趋近于真实的用户画像。

2.用户行为建模

标签本身会有很多分类，因此在这个阶段，需要用到很多模型来给用户贴标签。行为建模就是根据用户行为数据进行建模。通过对用户行为数据进行分析和计算，为用户打上标签，可得到用户画像的标签建模，即搭建用户画像标签体系。

标签建模主要是基于原始数据进行统计、分析和预测，从而得到事实标签、模型标签与预测标签（图2-5）。

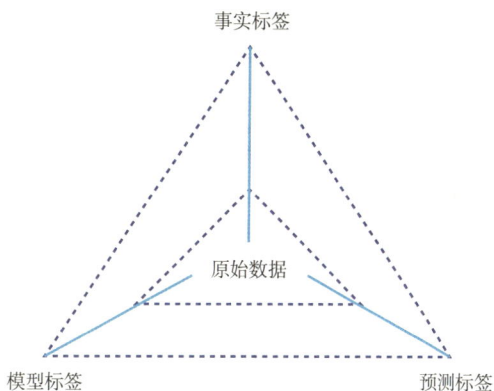

图2-5　标签建模示意图

3.可视化数据输出

运营团队想要根据数字内容用户分群进行个性化推荐，一定要满足标签可视化的要求。例如，在检索某个标签后直接显示与其相关联的标签；可以展示两级或三级，多层级、清晰直观地看到关联情况；更进一步的是点击后，每个标签里面的详细情况也会展示出来，如标签的历史浏览记录、打开渠道、分享情况、受众用户群体等，所以这也是需要依托于用户体系的，与相关标签结合之后的产出物。

4.标签机制维护

对于很多企业来说，生成用户标签并不难，但是这些标签被生成后，往往很容易被忽视，不注意维护。因此，标签体系也要有一个明确的更新规则，具体包括以下四点。第一，标签更新周期。实时更新、每月或三个月更新等。第二，标签更新维度。在什么情况下触发对具体用户的更新，如什么情况下更新某类用户的风险评级。第三，标签更新权限。哪些人可以更新这个标签库。第四，无用标签的淘汰。例如，标签库内会使用到的标签只有50个，但是标签库中却有90个，那其他40个就是无效标签，平台可以将这些标签删除。

第三节　数字内容用户的心理洞察

用户的心理是不断变化、难以捉摸的，最终导致用户的行动和用户被问出的想法并不一定是一致的。因此，无论是新媒体人还是产品经理等网络营销相关工作者，必须充分了解消费者或目标用户对于挑选、购买、使用、处置产品、服务、体验或创意的需求，才能创造出符合目标用户需求的产品，制定合理的价格、合适的分销渠道策略，产出触及用户内心的广告文案。

一、用户心理的基本概念

（一）用户心理的定义

用户心理指用户在符号活动梳理的过程和结果，具体是指用户对客观物质世界的主观反映，心理的表现形式叫心理现象，包括心理过程和心理特性。用户的心理活动都有一个发生、发展、消失的过程。用户在活动的时候，通过各种感官认识外部世界的事物，通过头脑的活动思考着事物的因果关系，并伴随喜、怒、哀、惧等情感体验。这折射着一系列心理现象的过程就是心理过程。

（二）数字内容用户心理研究的主要内容

1. 认知心理学

认知心理学是20世纪50年代中期在西方兴起的一种心理学思潮，它与西方传统哲学也有一定联系，其主要特点是强调认知的作用，认为认知是决定人类行为的主要因素。认知心理学家关心的是作为人类行为基础的心理机制，其核心是输入和输出之间发生的内部心理过程。但是人们不能直接观察内部心理过程，只能通过观察输入和输出的东西加以推测。所以，认知心理学家所用的方法就是从可观察到的现象来推测观察不到的心理过程，主要研究人的高级心理过程。例如，注意、知觉、表象、记忆、思维和语言等，这些内容在用户心理研究及相关的用户体验问题处理中随处可见。

2. 社会心理学

想要研究数字内容用户行为，特别是社会行为，社会心理学必不可少。社会心理学是指研究个体和群体在社会相互作用中心理和行为的发生及变化规律，它所研究的是和社会有关的心理学问题。社会心理学是从个体与社会相互作用的角度出发，研究特定社会生活条件下个体心理活动发生发展及其变化的规律。社会心理学不仅强调社会与个体之间的相互作用，还重视关于社会情境的探讨、重视个体的内在心理因素。社会心理学的研究范围涉及个体社会心理和社会行为、社会交往心理和行为、群体心理，以及应用社会心理学等层面，即理论与方法、社会个体、态度与行为、社会影响和社会心理学的应用等领域。

二、数字内容用户的心理特征分析

心理特征是指心理活动进行时经常表现出的稳定特点，数字内容用户在心理特征表现出群体的共性，这些特征的产生与网络环境的特殊性有关。一方面，数字内容用户的性格与本人的现实性格息息相关，呈现情绪化；另一方面，由于具有群体性特征，表现出诸多共同点。性格不仅与人类现实世界的各种行为息息相关，而且会映射到网络行为中。

（一）情绪化

由于网络传播快速、密集的特点，数字内容用户呈现出情绪化的个性特征。其情绪受到数字信息、网络环境、其他用户情绪的影响较大。在网络环境中，用户社交压力较小，情绪表达更加直接、表现更加激烈。研究表明，网络传播的情绪中负面情绪的出现更加频繁，人们在现实社交中由于某些原因不能表达的负面情绪在互联网中得到宣泄。

（二）开放性

数字内容具有开放性，表现在对自我的展示和对新事物、新信息的包容和接纳，通过便捷、丰富的网络世界，用户可以接触到现实生活无法接触的事物、现象，例如，网络购物使不同国家的居民在品牌网站订购国外商品，不同地区的网络用户在同一社交媒体中交流、互动。但这种开放性又是有限的，一旦用户感到自己的隐私被侵犯，如有意隐藏的真实身份曝光、被现实生活有交集的人窥探到不愿意在现实分享的隐私，用户则会感到不适甚至愤怒。

（三）封闭化

在网络信息爆炸的时代，大数据的筛选、用户自己的选择，将不同的网络用户限定在一定范围内，这点与现实世界类似，但在网络世界得到了强化。对于感兴趣的信息，人们会不遗余力去了解，甚至陷入错过信息的苦恼，观念和视野不断被接收到的信息强化、固化，对遗"圈外"的或相反信息，难以接受和认同。

三、数字内容用户心理需求的分析

心理需求是指一切起自内心，而非来自生理实体的需求，包括与人的社会属性和思维属性有关的需求。在数字化时代，互联网已经成为人们生活中不可缺少的部分。据中国互联网络信息中心（CNNIC）报告显示，截至2023年12月，我国网民规模达10.92亿人，互联网普及率达77.5%。数字内容用户心理需求也更加多样化，具体包括身份隐蔽、地位提升、交流需求、关注和认同等部分（图2-6）。

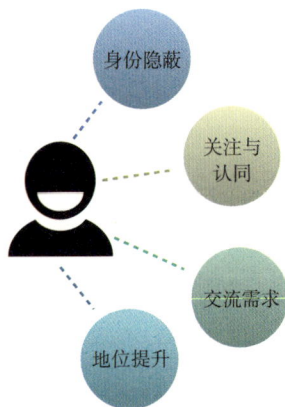

图2-6　数字内容用户心理需求

（一）身份隐蔽

随着互联网的发展，公民个人信息泄露的风险提高。无论是恶意程序、欺诈类网站还是黑客攻击造成的个人信息泄露，都给网民的个人信息安全造成不小的威胁。因此，数字内容用户在互联网交流活动时，根据需要隐藏自己的身份、年龄、相貌等，并且可以对隐藏的部分进行虚构，打造出与现实生活不同的身份。从数字内容用户的心理上来说，隐蔽的身份能让他们获取安全感，既可以直接与现实交际范围外的人对话，又能够保全自己的隐私，不用担心对话的内容对自己造成伤害。用户往往更倾向于选择隐蔽性高、保密性强的服务，以减轻他们的心理负担。

（二）地位提升

互联网为普通用户提供了表达观点的平台，任何人都可以在互联网上对某一话题提出自己的观点，或者与现实中无法接触的人群进行对话、交流，使用户感到地位提升，从而感受到超越现实社会的公平性。即使这种公平性是有限的，但对数字内容用户存在强烈的吸引力。例如，明星时常在网络平台与粉丝进行互动，如在粉丝群交流、微博评论回复、博文点赞等，这种行为往往能为粉丝群体带来极大的满足感，偶像通过互联网与粉丝的互动，即使只是文字和表情，所花费成本远远不及线下，但这种具有一定随机性的、偶然性的行为，使粉丝自觉打破身份的限制，获得与偶像接触的机会。

（三）交流需求

由于时间和空间的限制，人们在现实生活中的交际对象受到很大的限制，当对某一事件产生兴趣时，人的社会性决定其交流和表达的欲望，但交际的限制使人们在现实生活中不一定能够找到合适的交际对象。而互联网为交流提供了一个广阔、自由的平台，打破了时空的限制，人们可以在互联网找到兴趣相似的数字用户，即使双方的意见不统一，在交换意见甚至是争论的过程中，人们交流的需求也得到了满足。因此，对于网络用户来说表达、交流的机会是至关重要的，单方面的传输思想往往会使其反感。

（四）关注与认同

在数字时代，通过互联网，用户不仅接收信息，也输出信息，出于交际的目的或寻求尊重、认同等心理因素，人们期望得到相对更多人的关注。与现实交际相同，渴望得到关注是出于对"自我"的认同，由于互联网的隐蔽性，人们对关注度的需求也发生变化。例如，有些短视频用户不希望被现实生活中熟识的人关注，但渴望其发布的视频得到更多的点击量，两者并不矛盾。隐蔽性意味着安全，而获取关注代表着对个体的认同。一些在现实生活中缺少社交的人在互联网平台十分活跃，这是对现实生活交际缺失的一种代偿。

第四节 数字内容用户的行为分析

随着数字技术的快速发展，以互联网、移动多媒体网络为载体的新媒体得以广泛应用。各类新媒体都具有独特的技术和传播特点，因而数字内容的用户类型和结构也不相同，不同年龄、不同性别、不同受教育程度的用户可能对同一媒体的认知、操作等都不相同。为使新媒体更好地服务于用户，需要了解用户使用数字媒体的规律性特点。

一、数字内容用户行为分析的基本概念

用户行为分析是指在获得网站访问量基本数据的情况下，对有关数据进行统计、分析，从中发现用户访问网站的规律，并将这些规律与网络营销策略等相结合，从而发现目前网络营销活动中可能存在的问题，并为进一步修正或重新制定网络营销策略提供依据。

狭义的用户行为分析指对线上行为的有关数据进行统计、分析，从中发现用户访问行为规律，并将这些规律与线上运营策略等相结合。广义的用户行为分析则并不局限于线上用户的行为，而扩展到所有新媒体用户，特别是潜在的新媒体用户行为的分析。通过对目标用户的调查或访谈，或者竞争品牌使用者的行为调查，获得有效信息，这些对产品研发有着关键的作用。

二、数字内容用户行为分析的研究内容

用户行为分析是对用户在产品上产生的行为及背后的数据进行分析，通过构建用户行为模型和用户画像改变产品决策，实现精准营销，指导业务增长。用户行为研究内容包括以下

两个方面。

（一）采集用户行为数据

用户行为数据其实有很大的商业价值，首先要明确数据的采集方式，以便更好地支持后续的数据分析。常用的数据采集方式有平台设置埋点和第三方统计工具两种。平台设置埋点是一种非常普遍的收集方式，即通过编写代码和日志布点的方式详细描述事件和属性。以用户登录为例，用户在 App 上进行登录时，相关操作都会被记录下来，并以日志形式存储在指定的服务器上。

（二）用户行为分析指标

对用户行为数据进行分析，关键是找到一个衡量数据的指标。根据用户行为表现，可以细分多个指标，主要分为黏性指标、活跃指标和产出指标三类。

黏性指标主要关注用户周期内持续访问的情况，如新用户数与比例、活跃用户数与比例、用户转化率、用户留存率、用户流失率、用户访问率。

活跃指标主要考察的是用户访问的参与度，如活跃用户、新增用户、回访用户、流失用户、平均停留时长、使用频率等。

产出指标主要衡量用户创造的直接价值输出，如页面浏览数、独立访客数（UV）、点击次数、消费频次、消费金额等。

三、数字内容用户行为的分类

用户行为由最简单的五个元素构成，即时间、地点、人物、交互、交互的内容。数字内容用户行为主要分为线上行为和线下行为，线上行为提供大量在线数据及大数据平台，线下行为的用户分析主要有定性分析和定量分析。

（一）线上行为

1.渐进式

渐进式指从任务的角度去思考行为，即当用户为了完成某项任务时才会产生行为。当某个用户的任务很明确时，例如，打开手机购物 App 购买一部智能手机，这时候的行为路径是打开购物 App—搜索智能手机—浏览搜索结果—选择某家旗舰店—浏览商品详情页—加入购物车—进入购物车—付款，该路径是线性的，即渐进式的，任务很明确时的行为称为渐进式的（图2-7）。

图2-7 渐进式用户行为

2.往复式

当任务变成用户想买一部智能手机，这个时候的任务很模糊。用户会在搜索结果页和详情页之间来回切换，以便对比找到心仪的手机。这个时候行为路径则是打开购物App—搜索智能手机—浏览搜索结果—查看商品详情—返回结果页—查看商品详情—直到找到心仪的智能手机完成付款，或者没有找到放弃任务。这种来回切换页面，对比信息的行为路径特点是往复式，即任务相对模糊时的行为路径是往复式的（图2-8）。

3.随机式

随机式行为路径就是用户没有目的在各个页面寻找自己感兴趣的入口，几乎没有规律，看到了哪就点到哪，不停地浏览。例如，很多时候人们并没有购物目标，只是想打开购物App逛逛（图2-9）。

图2-8 往复式用户行为

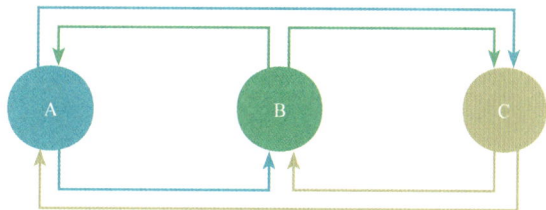

图2-9 随机式用户行为

（二）线下行为

1.定性分析

定性分析指的是对研究对象进行质的方面的分析，具体来说，就是运用归纳与演绎、综合与分析，以及抽象与概括等方法，对获得的各种材料进行思维加工，从而能去粗取精、去伪存真，达到认识事物的本质、揭示内外规律的目的。在线下数字内容用户的定性分析中，该方法有助于在新媒体产品导入期、成长期，以及快速识别产品用户和潜在用户行为模式方面提供便利。主要的研究方法有访谈法和观察法。

（1）访谈法。访谈法通过访谈者与受访者之间的交流互动来收集产品使用者的使用动机、态度、个性和价值观念等信息。步骤如下：拟好访谈提纲—挑选目标用户——对一面访或电话访问— 一对多小组座谈会。

下面以"某网约车软件"为例介绍访谈法。

某网约车软件上线了"行程安全""设定紧急联系人"的功能，当行程中出现危险状况时，乘客可以第一时间通知紧急联系人。该行为的目的是了解用户对该网约车软件安全性的认知、对此功能的了解度及看法。

问题一：你觉得用该网约车软件的安全性高吗？

问题二：你知道该网约车软件有"行程安全"或设定"紧急联系人"的功能吗？

问题三：你觉得这个功能会有利于提高安全性吗？

访谈结果如下：

一部分受访者认为，如果打车时遇到安全问题，需要自己在系统里找到这个号码然后拨打的话，也就是自己求助，然后系统联系，那就一点意义都没有了，都出安全问题了哪还有时间在系统里找联系方式，就算还能打电话，也会直接用手机完成而不是利用系统拨打。

另一部分受访者则提出自己的思路，认为这个功能有用，如果从安全角度考虑，可以和的士一样，加上摄像机，司机在线的时候摄像头自动开启，下线的时候摄像头自动关闭，并设计一个紧急按钮。

需注意，访谈法主要是通过受访者自我报告产品使用体验，但有时候，由于各种原因，一些用户不会主动谈论他们觉得有问题或者自己难以理解的软件或应用，这时，应在访谈法基础上加入观察法。

（2）观察法。观察法分为直接观察法和间接观察法。

直接观察法：真实、直接、主动性强、感官敏感度有限、注意与短时记忆力广度有限。

间接观察法：每秒60次读数、记录购物者选购某一类产品时的视觉焦点坐标、揭示购物者如何观察某类产品。缺点是反应不真实、经费支出较大、技术要求较高。

2.定量分析

定量分析侧重于通过数值、数据来测量和分析现象。这种方法的核心在于使用数学和统计技术来量化信息，以便进行客观的分析和解释。定量分析在各个领域都有应用，包括但不限于社会科学、经济学、心理学、市场研究、医学研究等。通过定量分析，研究者能够对研究问题进行系统的、结构化的探索，并得出基于数据的结论。主要的研究方法是问卷调查法和控制实验法。

（1）问卷调查法。问卷调查法是指对用户投放问卷，并通过问卷数据分析得出结论，问卷调查是社会科学的典型方法之一，它是以客观的态度，通过对受众的系统提问，收集并分析有关研究数据，以描述或解释传播现象及其各相关因素之间关系的实证研究方法。具体的步骤如下。

第一步：决定题材，分析理论和拟订研究假说。

第二步：问卷设计，问卷是依据有关理论和假说而设计的，任何组成假说的自变数或应变数，均必须用一题或多题的问卷来表示。

第三步：选取样本，从成员总体中抽取一部分能够代表总体的样本，样本数最好是总体数的5%以上，但通常不得低于500个样本。

第四步：访问，分为入户访问、电话访问或邮寄访问。

第五步：统计分析，得出结论，撰写报告。

（2）控制实验法。控制实验法是指在既定条件下，通过实验对比，对市场现象中某些变量之间的因果关系及其发展变化过程加以观察分析的一种调查方法。为帮助大家更好地理解定量分析法，下文以"用户5G使用现状调研"为例。

通过问卷调查的方式调研用户对5G的接触情况。对调研阶段采集到的5G使用行为数据进行数据选取和预处理，得到适合分析的目标数据集。应用自组织特征映射算法对5G用户行为模式进行分析。

数据采集：通过问卷调查的形式搜集用户对网络视频、即时通信工具和网络游戏的接触及使用情况。调查问卷包括两部分，即用户的5G使用行为调查和用户基本信息调查。在用户5G使用行为调查部分，针对每种新媒体的特点对用户的使用方式进行调研，如收看网络视频的频率和上传视频的情况、使用即时通信工具的频率、玩网络游戏的频率等。用户基本信息的采集包括用户的年龄、性别、教育程度等。

数据预处理：对问卷调查采集到的原始数据无法直接进行数据挖掘，需要对数据进行预处理，使后面的数据挖掘过程有较高质量的输入数据，最终得到准确的挖掘结果。数据预处理的重点是将问卷调查采集到的数据处理成适合用户行为模式分析的输入数据。

数据测试：由于对用户5G使用行为数据所进行的聚类分析并不存在先验知识，是在完全未知的状态下进行的预测性挖掘，所以需要通过大量实验来确定竞争层的神经元个数及相关参数。

结果分析：引入相关程序，结合用户性别、年龄和教育程度三项基本信息对上述聚类结果进行分析，统计出每类用户使用5G的特点，通过自组织特征映射算法对大量新媒体用户的使用行为数据进行数据挖掘，使具有相似偏好的用户以群的模式聚集起来，而后分析得到不同的用户群偏好，可以使5G服务提供商准确预测用户的需求，便于为用户提供更加符合其兴趣偏好的增值业务，更好地满足用户多层次、多样化、个性化、专业化的需求。

（三）数字内容用户行为分析的研究方法

用户行为分析是对用户在产品上产生的行为及背后的数据进行分析，通过构建用户行为模型和用户画像，来改变产品决策，实现精准营销，指导业务增长。数字内容用户行为分析，通常分为以下四种方法。

1.行为事件分析法

（1）行为事件分析的含义。行为事件分析法主要用于研究某行为事件的发生对企业组织价值的影响以及影响程度。企业借此来追踪或记录用户行为及业务过程，如用户注册、浏览产品详情页、成功投资、提现等，通过研究与事件发生关联的所有因素来挖掘用户行为事件背后的原因、交互影响等。

（2）行为事件分析应用场景。每个产品根据产品特性，会有不同的行为事件和筛选维度，但基本涵盖了该业务所需要的所有数据指标维度，进行前期数据规划时，需要对可分析事件进行全量数据埋点。后期平台运营过程中，将依赖前期的数据采集规划。例如，某互联网金融客户运营人员发现，某日来自新浪渠道的浏览次数（PV）数异常高，因此需要快速排查原因：是异常流量还是虚假流量？此时，企业可以先定义事件，通过"筛选条件"限定广告系列来源为"新浪"。再从其他多个维度进行细分下钻，如地理位置、时间、广告系列媒介、操作系统、浏览器等。当进行细分筛查时，虚假流量无处遁形。在剔除虚假流量后，运营人员可进行其他用户行为分析。

2.点击流数据分析法

（1）点击流数据分析法的含义。点击流数据分析是收集、分析和汇报有关访客访问哪个页面、访问页面的顺序和鼠标连续点击的结果（即点击流）的整体数据的过程。通过数据挖掘等，可以形成关于网站用户行为规律的资料，对营销活动有很大的指导意义。

（2）点击流数据分析法的应用场景。通常用于首页、活动页、产品详情页等存在复杂交互逻辑的页面分析。一般分为可视化热力图、固定埋点两种形式。涉及的数据指标包括：①浏览次数：该页面被浏览的次数。②浏览人数（UV）：浏览该页面的人数。③页面内点击次数：该页面内所有可点击元素被点击的总次数。④页面内点击人数：点击该页面内所有可点击元素的总人数。⑤点击人数占比：页面内点击人数/浏览人数。

3.用户行为路径分析法

（1）用户行为路径分析法的含义。用户行为路径分析是一种监测用户流向，从而统计产品使用深度的分析方法。它主要根据每位用户在App或网站中的点击行为日志，分析用户在App或网站中各个模块的流转规律与特点，挖掘用户的访问或点击模式，进而实现一些特定的业务用途，如App核心模块的到达率提升、特定用户群体的主流路径提取与浏览特征刻画、App产品设计的优化与改版等。

（2）用户行为路径分析法的应用场景。确定产品用户从访问到转化/流失都经过哪些流程，转化用户与流失用户是否有行为区别，以及用户行为路径是否符合预期。涉及的数据指标有全链路页面级PV、UV，以及路径流转关系。

以电商网站为例，买家从登录电商网站到支付成功要经过首页浏览、搜索商品、加入购物车、提交订单、支付订单等过程。而用户真实的选购过程往往是交缠反复的。例如，提交订单后，用户可能会返回首页继续搜索商品，也可能会取消订单，每一条路径背后都有不同的动机。与其他分析模型配合进行深入分析后，能快速找到用户行为动机，从而引领用户走向最优路径或者期望中的路径。

4.漏斗模型分析法

（1）漏斗模型分析法的含义。漏斗模型分析法全称是搜索营销效果转化漏斗。漏斗的五层对应了企业搜索营销的各个环节，反映了从展现、点击、访问、咨询，直到生成订单过程中的客户数量及流失。从最大的展现量到最小的订单量，这个一层层缩小的过程表示不断有客户因为各种原因离开，对企业失去兴趣或放弃购买。

（2）漏斗模型分析法的应用场景。应用场景多见于电商行业不同客户群体的转化情况。例如，某电商企业根据客户的消费能力，将客户划分为普通会员、黄金会员、钻石会员。为加强对用户的转化引导，欲针对不同用户群体采用不同的运营方式。若普通会员从"提交订单"到"支付订单"的转化率明显低于钻石会员。为找到"支付订单"阶段转化率变低的原因，运营人员应深度分析普通会员转化率情况。另外，还可以尝试支付订单流程的新手引导，帮助新手顺利完成购买。

本章小结

本章首先对用户的定义与数字时代用户特征的基本概念进行了阐述，进而对构建数字内容用户的画像与标签的方法进行了梳理。结合前两节内容，进一步探讨了数字内容用户的心理特征分析和数字内容用户行为分析。通过以上学习，了解到数字内容用户的本质依然是人使用互联网在虚拟的环境与他人进行沟通交往。因此，研究数字内容用户的内外在驱动力即心理与行为分析，有助于我们了解数字时代用户的心理需求和动机。同时，对于企业、商家、网络社交平台等的功能建设和改进也提供了巨大的帮助。

思考与实训

1.目前数字内容的用户有哪些特点？
2.数字内容用户的心理特征对消费有何影响？
3.如何看待数字内容用户行为特征的利弊？
4.思考用户行为和用户心理研究内容有没有重合之处？

实训

H品牌的用户行为分析

H品牌成立于2000年，是一家集研发、生产、销售于一体的大型运动服饰企业。然而，作为一家运营20余年的企业，因不敌国外品牌和国内一线品牌的冲击，其已经退出一线城市，在市场上基本没有任何热度。

但是2021年7月21日，H品牌官方微博发文称捐赠5000万元物资驰援灾区，在网络上引发巨大反响。先后不断有网友对H品牌发布的官方微博点赞、评论、转发，其中某网友指出，H品牌仅2020年就亏损2.2亿。

于是，网友为了表达对H品牌的支持，不仅把H品牌的微博蓝V充到2140年，还开始到H品牌的网络直播间进行观看、购买，使直播间成交量暴涨，最高观看人次高达800多万。同时，一些网友甚至深夜12点还在H品牌的线下门店排队消费，导致线下门店许多款式断码、断货。

得知此事后，H品牌的老板在直播间苦口婆心地劝告网友要理性消费，但网友并不理会。7月23日，H品牌当日销售量同比增长超52倍，直播间在33小时内突破了4800万销售额，直接导致H品牌库存告急，在直播间里打出了"我们真的卖空了，一件也拍不了"的字样。

问题讨论

1.请分析H品牌用户群体的特征。
2.请分析网友冲动消费行为背后的心理因素。
3.请思考社交媒体平台对冲动消费的影响。

第三章

数字内容的生产流程

　　某音乐App是由W品牌的杭州研究院开发的一款音乐App，依托专业音乐人、DJ、好友推荐及社交功能，为用户打造全新的音乐生活。W品牌的音乐App虽然是后起之秀，仍然在头部竞品占领了80%市场份额的情况下，仅花4年时间收获3亿用户，7年时间进入行业前三。该音乐App的成功，依靠的是音乐社交的定位。初期，该音乐App选择了与主流竞品不同的资深用户市场（即PGC）作为细分市场，同时设计了以用户生产（即UGC）歌单为主的核心功能，推出了个性化推荐、云同步等功能，致力于将社交属性融入音乐，形成一个"移动音乐社区"。此外，该音乐App还推出一款社交App——MUS（music with us），其目的是进一步提高用户对该App的黏性。总的来说，该音乐App抓住了移动互联网带来的机会，引领了以听音乐、UGC生产、社交为主的听歌潮流。

　　数字化催生了海量庞杂的数字传播主体和复杂多变的数字传播方式，构建了传播主体之间、传播与经济之间、传播与社会之间庞大且复杂的全新价值网络与价值交换关系。另外，数字化还实现了信息和物理介质之间的分离，使图文、音频和视频等传统内容可以在任何物理介质中自由流动。本章从数字内容的生产主体出发，分析数字内容的生产方式、生产形式和分发模式等相关内容。

第一节　数字内容的生产主体

　　生产力是推进社会变革的根本动力，而生产工具则是衡量生产力发展水平的客观尺度，也是划分经济时代的物质标志。从数字域到智能域的传媒技术变革将人类带入数字化乃至人工智能时代，数字内容生产的主体逐渐多元化，他们依托和活跃于各大平台进行内容生产，产生了许多全新的内容生产模式与内容景观（图3-1）。

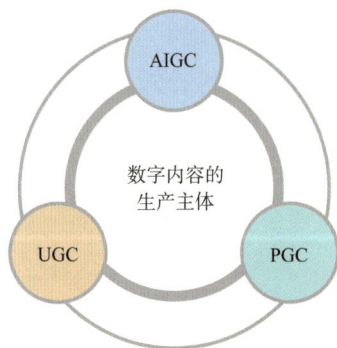

图3-1　数字内容的生产主体

一、PGC（专业生产内容）

　　PGC（professionally generated content），指的是专业人士通过专业方式聚合、筛选并呈现的高质量、有深度、有价值的内容。雅虎的综合指南网站和亚马逊的IMDb是这一概念的代表，前者提供图文查询工具，后者聚合电影、电视节目的相关信息。在 Web 1.0 时代，虽然专家是主要内容生产者，但 PGC 概念的形成得益于后来内容平台、互联网媒体机构和知识付费公司的兴起。PGC 由专家和专业机构生产，他们具备专业的内容生产能力，确保内容的专业性。

PGC 具有高质量、易变现、针对性强的优势，但也存在创作门槛高、制作周期长、产量不足、多样性有限等不足。高生产成本导致用户获取内容的成本也高，难以满足普通用户高频次、多样化的内容需求。基于上述原因，互联网需要新的内容生产形式来解决这些问题。

二、UGC（用户生成内容）

UGC（user generated content）指的是由所有用户生产内容，这些内容具有多样化的特征，并借由推荐系统等平台工具触达与内容匹配、具有相应个性化需求的用户。在数字时代，内容创作不再局限于专业人士，普通用户也能创作受欢迎的内容，UGC 内容生产方式已成为数字时代的趋势。

例如，在贴吧、豆瓣等论坛平台上，志同道合的用户可以自由交流，一起探讨感兴趣的电影与书籍；在微信、微博等社交平台上，每个人都可以用图文记录自己的生活，也能了解他人的生活；在抖音、快手等自媒体平台上，用户可以拍摄并上传自己创作的短视频，在获取大众关注的同时，还能获得各种流量变现的奖励。与 PGC 相比，UGC 创作者多为个人，面临保持内容质量、原创性和更新频率的挑战。随着创作者数量的增加，竞争加剧，一些创作者可能采取降低质量、抄袭等手段来吸引关注。长此以往，健康的创作生态将遭到破坏，这种创作者的窘境呼吁着内容生产方式的全新变革，生产效率的提升已迫在眉睫。

三、AIGC（人工智能生成内容）

继 PGC、UGC 之后形成的完全由人工智能生成内容的创作形式被称为 AIGC（AI generated content）。AIGC 狭义概念是利用 AI 自动生成内容的生产方式。广义的 AIGC 可以看作是像人类一样具备生成创造能力的 AI 技术，即生成式 AI，它可以基于训练数据和生成算法模型，自主生成创造新的文本、图像、音乐、视频、3D 交互等各种形式的内容和数据，以及具有包括开启科学新发现、创造新的价值和意义等能力。

2022 年 11 月 30 日，OpenAI 发布了名为 ChatGPT 的超级 AI 对话模型，再次引爆了人们对于AIGC的讨论热潮。ChatGPT不仅可以清晰地理解用户的问题，还能如同人类一般流畅地回答用户的问题，并完成一些复杂任务，如假扮特定角色对话、修改错误代码等。ChatGPT一上线，就引发网民的争相体验，但也有不少人对此表示担忧，担心作家、画家、程序员等职业在未来将被AI取代。即便如此，AIGC也并非完美无缺，"AIGC的内容如何确定版权归属""AIGC是否会被不法分子利用，生成具有风险性的内容或用于违法犯罪活动"等一系列问题都是如今人们争论的焦点。虽然存在这些担忧，但人类的创造物终究会帮助人类自身的发展，AIGC无疑是一种生产力的变革，将世界送入智能创作时代，智能内容生产的时代序幕正在缓缓拉开。

第二节　数字内容的生产方式

受到生产组织形态、内容承载介质、传播周期等方面的限制，传统媒体在内容生产端受限，但数字化突破了传统媒体内容生产中的种种限制，开创的不同内容生产形态是数字内容生产的重要来源。

一、平台型媒体生产

作为数字内容价值链的绝对掌控者，平台型媒体的生产不仅决定了数字内容生产力，还定义了数字内容生产关系。但平台型媒体并不直接从事内容生产，而是通过服务自媒体的方式，驱动自媒体进行具体生产。总的来说，这种生产方式就是构建一个结构健康、运行良好的"生态环境"（图3-2）。

平台型媒体在数字内容生态中扮演着至关重要的角色，尽管它们不直接参与内容的生产，但通过提供数字化工具和传播渠道，它们为内容生产者赋

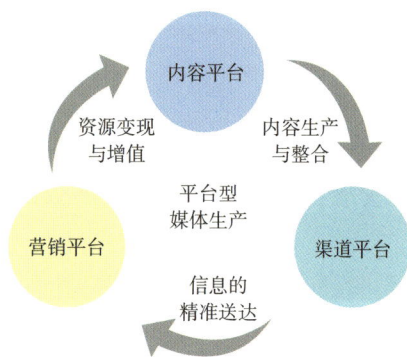

图3-2　平台型媒体生产方式

予了强大的能力。这种赋能作用使平台型媒体成为数字内容世界中最有影响力的内容生产者之一。平台型媒体的运作方式主要体现在以下两个方面。

（1）规则制定。平台型媒体通过制定一系列内容生产规则来规范和引导自媒体的内容生产行为。这些规则不仅确保了内容的质量和合规性，还帮助自媒体在平台内容生态中找到了

合适的定位。例如，微信将公众号分为订阅号和服务号，并为它们设置了不同的内容发布频率规则，以此引导不同类型的公众号发挥其内容输出或服务提供的功能。

（2）技术支持。平台型媒体通过提供易于使用的数字传播技术工具，极大地降低了自媒体内容生产的专业门槛。由于这些工具的"傻瓜化"设计，即使是非专业人士也能轻松制作出高质量的内容。例如，短视频平台推出的官方剪辑工具"剪映"，运用简化的视频编辑流程，使用户能够快速上手并制作出专业水准的视频内容。

通过这两种方式，平台型媒体不仅促进了内容的多样性和创新性，还推动了整个数字内容产业的发展。它们通过顶层的内容生产活动，即"生产内容生产者"，来塑造和维护一个健康、活跃的内容生态系统。

二、自媒体生产

"we media"（自媒体）即"我们就是媒体"。其中有两层含义：首先，"我们"是最广泛的普通大众，这与传统媒体时代传播主体为精英化的专业传媒人有着本质的区别；其次，普通大众之所以能化身为传播的主体，是因为数字科技的赋能与强化。由此可见，自媒体这个概念在诞生之初就被用来描述一种与传统媒体时代截然不同的传播主体，是数字时代新兴内容生产者的代名词。

自媒体是数字传播生态下的一种全新媒体形态，是平台型媒体的产物。自媒体与平台型媒体共同构成了全新的"内容生产共同体"（图3-3），它体现了数字内容生产力的先进性。需要强调的是，自媒体

图3-3　内容生产共同体

是一种媒体形态，并非仅指个体化运行的媒体。任何依附于平台型媒体进行内容生产和商业变现的机构、组织或个人内容生产者都应当归入自媒体的范畴。

在传统媒体时代，传播结构是封闭的金字塔式，内容生产者需要通过严格的筛选，竞争者面临随机淘汰，运气在这一过程中扮演了重要角色。这种资源配置方式导致许多有才华的内容生产者无法进入行业，从而造成资源错配，未能充分发挥其潜力。

内容生产的开放性：自媒体的兴起使内容生产成为全民参与的活动。自媒体为个人和组织提供了平等的参与机会，允许他们自由进入内容生产市场，参与竞争。自媒体的技术设施赋予了草根阶层表达观点和获得关注的权利。

竞争机制的开放性：自媒体通过建立开放的竞争机制，显著提高了内容生产要素的配置效率，从而全面释放了内容生产力。这种机制的建立，打破了传统媒体的封闭结构，为内容生产者提供了更广阔的发展空间，促进了内容创新和多样性的提升。

三、MCN模式生产

MCN（multi-channel network）是一个舶来概念，字面意思是多渠道内容网络，实际指的是数字内容生产和商业变现领域的一种中介组织。在实际运作中，MCN机构通过寻找和锁定具有流行潜质的个人内容生产者，对其内容生产过程进行专业化支持，以提升其内容产出的质量，并为其寻求平台型媒体的流量支持，之后再通过代理其流量的变现来获取收入。

在数字内容市场中，个人化的内容生产者，尽管可能具备成为网红的潜力，却往往面临资源和能力有限的挑战，难以在日益专业化的市场中突破竞争。为了解决这一问题，MCN机构应运而生，其通过提供一系列专业化服务，以弥补内容生产者在专业能力上的不足。

MCN机构的作用可以概括为以下几点。

（1）专业化服务提供。MCN机构通过提供专业的培训、技术支持和内容策略规划，帮助内容生产者提升其专业水平。

（2）流量优化与培育。MCN机构利用其专业知识和资源，帮助内容生产者优化内容生产，吸引并培育稳定的观众群体。

（3）商业变现支持。MCN机构协助内容生产者探索和实施多种商业变现途径，如广告、品牌合作、内容付费等。

（4）平台与创作者之间的桥梁。MCN机构作为中介，帮助平台型媒体发掘和吸引优质创作者，同时为创作者提供更广阔的展示平台和资源。

如图3-4所示，MCN机构在内容生产者与平台型媒体之间起到了撮合的作用，不仅促进了内容生产者的个人发展，也为平台型媒体带来了高质量的内容和创作者资源。

图3-4　MCN模式生产流程

MCN机构的兴起标志着新媒体产业中分散的个人内容生产者开始向专业化整合的转变。在这一趋势下，平台型媒体如微博、抖音、快手等，不仅倾向于与MCN机构合作以获取更高质量的内容供应，还通过资本投资入股MCN机构，以更深层次地参与并分享这一再中介化过程所带来的利益。

第三节　数字内容的生产形式

在数字时代，传媒行业的界限变得不再明确，多种力量的涌入导致传媒业结构性的变革，进而引发整个传媒产业版图的重构。近年来，在数字内容产业领域，对产业版图重构影响最为显著的是不同主体通过不同路径构建的各类内容平台。

一、图文形式

图文内容作为数字时代最常见的内容形式之一，具有多样化的表现形式，包括纯文字、纯图片和图文结合等类型。这种内容形式广泛应用于微信公众号、博客、新闻网站、社交媒体等多种渠道。

纯文字型侧重于文字表达，适用于传递信息、分享观点、讲述故事等场景。

纯图片型侧重于视觉的呈现，适用于展示产品、展示场景、传达情感等。

图文结合型则结合文字和图片的优势，既能够传递信息，又能够提供视觉享受。图文结合能够更好地吸引用户，提高内容的吸引力和传播力。

为了实现更好的营销效果，企业在图文内容创作时通常会采取以下策略。

（1）系列文案规划。通过系列化的文案，构建起连贯的内容体系，增强用户的阅读兴趣和品牌印象。

（2）内容主题一致性。保持内容主题的一致性，有助于塑造品牌形象，传递清晰的品牌信息。

（3）视觉与文字的协调。在图文结合的内容中，需要确保视觉元素与文字内容的协调一致，形成统一的风格和调性。

（4）互动性设计。鼓励用户参与互动，如评论、分享、点赞等，提高用户的参与度和内容的传播力。

（5）SEO优化。针对搜索引擎优化内容，提高图文内容在搜索结果中的排名，增加曝光机会。

（6）数据分析。通过数据分析工具，了解用户行为和偏好，不断优化内容策略，提高内容的针对性和有效性。

二、音频形式

音频内容主要是指除完整的音乐歌曲或专辑外，那些通过网络流媒体播放、下载等方式收听的音频内容，目前主要指网络电台上的内容。

音频内容在数字时代已经成为一种重要的媒体形式，它包括但不限于以下几种类型。

（1）新闻播报。提供时事新闻、评论分析等信息，以音频形式传播，便于用户在移动中或忙碌时获取资讯。

（2）有声小说。将文学作品转化为声音，通过朗读者的声音表现力，为听众带来沉浸式的阅读体验。

（3）音频节目。传统节目形式的数字化，通过幽默诙谐或精彩的故事讲述，提供娱乐和文化享受。

（4）情感生活。包括情感咨询、心理健康、生活指导等内容，帮助听众解决生活中的问题，提供情感支持。

（5）教育培训。利用音频形式进行知识传授和技能培训，如语言学习、专业课程、公开课等。

三、视频形式

视频内容作为一种多媒体形式，近年来在多个渠道迅速发展，成为增长最快的内容类型之一。例如，某音乐平台的短视频宣传广告，时长仅为1分2秒，通过紧凑的编辑和创意表达，有效传达了品牌的核心价值——精准个性化推荐。视频中的文字、音乐和人物等元素共同作用，在有限的时间内给观众留下了深刻印象。

视频内容的分类和特点如下。

（1）传统视频。通常指的是通过电视、电影等传统媒介播放的视频内容，具有较长的制作周期和较高的制作成本。

（2）网络视频。通过互联网平台播放的视频，具有更高的互动性和灵活性。网络视频可以进一步细分为直播视频和非直播视频。

直播视频指实时播出的视频内容，允许观众与主播互动，常见于直播平台如斗鱼、虎牙等。非直播视频指预先制作好的视频内容，观众可以根据自己的时间安排观看。非直播视频又可进一步分为长视频和短视频。

长视频通常指时长较长的视频内容，如影视剧、电影等，主要在爱奇艺、腾讯视频、优酷等视频平台上播放。短视频指时长较短的视频内容，通常在5分钟以内，以快速、直观、易于消费为特点，主要在抖音、快手、小红书等短视频平台上流行。

四、互动形式

科技的发展使人们进入万物互联的时代，人机互动已成为人们日常生活的常态。目前，数字内容的互动形式主要集中在H5技术和AR（增强现实）领域，旨在通过人机互动形式实现娱乐、休闲、交流的个体性化营销体验。

（一）H5技术

H5即HTML5，是网页设计和开发的第五代标准。H5技术不仅是一种编程语言，更是一个集合了多种网页互动效果的综合性技术平台。它特别适用于移动端的Web页面，提供了丰富的交互功能和更好的用户体验。例如，某音乐平台利用H5技术，在电视剧《权力的游戏》即将结束时，通过创意H5页面巧妙借势，展示了其平台上丰富的歌单资源。这种营销策略不仅吸引了粉丝的注意，也增加了用户对网易云音乐平台的黏性和活跃度。

H5技术的特点包括以下几点。

（1）跨平台性。H5页面可以在不同操作系统和浏览器上无缝运行，无须下载安装即可访问。

（2）多媒体集成。支持多种媒体格式，包括视频、音频、图像等，易于集成丰富的多媒体内容。

（3）交互性。提供丰富的交互功能，如动画、拖拽、触摸等，增强用户互动体验。

（4）响应式设计。H5页面能够自适应不同屏幕尺寸，优化移动端浏览体验。

（5）易于分享。H5页面可以通过社交媒体、即时通信等渠道轻松分享。

（6）开发成本相对较低。相比原生应用开发，H5页面的开发和维护成本较低。

（二）AR技术

增强现实（augmented reality，AR）技术，通过实时计算摄影机影像的位置和角度，将虚拟图像叠加到现实世界中，创造出一种融合真实与虚拟的感官体验。这种技术能够实现真实世界信息和虚拟世界信息的无缝集成，为用户提供超越现实的感官体验。越来越多的品牌和数字内容制作方开始利用AR技术，创造独特的用户体验。例如，某音乐平台与百事可乐联名发起的"酷爽AR体验"活动，通过AR技术，将音乐、视觉和味觉结合起来，为用户提供了一场独特的视听味结合的奇妙体验。

AR技术及其衍生的WebAR技术，具有以下特点。

（1）直观性。AR技术通过直观的方式展示虚拟内容，用户可以直观地看到虚拟对象与现实世界的结合。

（2）互动性。用户可以与虚拟对象进行互动，增强了参与感和沉浸感。

（3）表现力。AR技术可以展示丰富的视觉效果，如3D模型、动画等，具有很高的表现力。

（4）跨平台性。WebAR技术允许在不同的设备和平台上实现AR体验，无须下载专门的应用程序。

（5）易于分享。AR体验可以轻松分享到社交媒体，增加内容的传播力。

（6）创新性。AR技术为品牌营销和内容创作提供了新的创意空间。

第四节　数字内容的分发模式

"分发"一词的本义是"一个个地发给"或"分别给予"。作为一种信息传播机制，分发在数字内容生态中所承载的功能是：决定什么样的内容，在什么样的场景下，被传递给了谁。作为一种基于数字技术赋能的全新信息传递与扩散模式，分发通过数字技术契合了用户个性化需求，极大地提升了信息传播的有效性和用户的体验感，是更为先进的信息传播方式。

一、搜索分发

搜索引擎是一种数字化的网络信息处理技术，指的是一种使用特定的程序从互联网上搜集信息，根据一定的规则对所搜集到的信息进行组织和处理，再基于用户具体的信息需求为其提供信息检索服务，并遵循特定的算法将用户检索的相关信息展示给用户的一整套信息处理系统（图3-5）。

搜索分发是一个复杂的过程，主要分为程

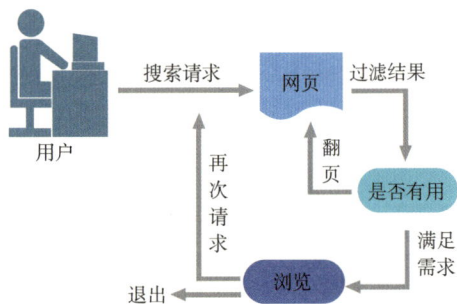

图3-5　搜索分发模式

序逻辑和响应逻辑两个逻辑层面。

程序逻辑是指搜索分发的运行是基于计算机程序化的、自动化的过程。整个过程，从内容源的获取到内容的最终分发给用户，都是由算法和计算机程序指令控制的。程序逻辑利用数字技术，显著提升了信息处理的能力和效率，远远超过了传统的人工逻辑处理方式。

响应逻辑表明搜索分发本质上是对用户搜索请求的被动响应，而不是主动推送内容。用户通过输入关键词来表达自己的具体内容需求，搜索系统则根据这些关键词展示相关的信息，以响应用户的个性化和即时需求。搜索分发的这一逻辑确保了用户在选择内容时的自主性，提供了"一对一"的个性化服务，从而提高了内容生产与消费之间的匹配效率，并增强了内容消费者的体验。

二、智能分发

智能分发即人工智能分发，是基于人工智能技术并完全由程序化的机器系统所实施的数字内容分发范式。简单来说，智能分发是将通过爬虫程序采集来的内容和平台自有内容相结合，以此构建内容池，并以人工智能技术实现"千人千面"的个性化内容分发（图3-6）。事实上，智能分发也是更加符合互联网平权精神的分发范式。

智能分发的运行机制是一个基于人工智能的复杂过程，它依赖于以下几个关键步骤。

（1）用户行为数据分析。智能分发系统首先收集和分析用户在平台上的各种内容消费行为数据，包括点击、浏览、互动等。这些数据构成了大数据分析系统的基础，帮助系统理解用户的兴趣和偏好。

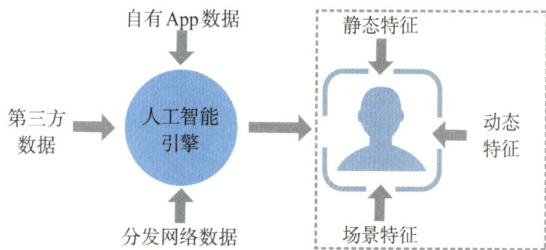

图3-6　智能分发模式

（2）用户兴趣预判。利用收集到的用户行为数据，人工智能系统对用户的内容消费兴趣进行预判，识别出用户可能感兴趣的内容类型或主题。

（3）内容匹配与推荐。系统根据预判结果，在内容池中搜索与用户兴趣相匹配的内容，然后自动将这些内容推荐给用户。

（4）反馈与优化。用户对推荐内容的反应（如点击、观看时长、互动等）再次被记录为用户行为数据，将这些数据反馈到系统中，用于优化下一轮的推荐算法。

（5）自我优化的闭环逻辑。用户行为大数据和推荐系统形成了一个自我优化的闭环。系统的推荐行为基于用户行为数据，而用户对推荐内容的反应又反过来丰富和优化用户行为数据库，形成一个持续学习和改进的过程。

（6）精准性和成功率提升。随着闭环逻辑的不断运行，人工智能分发系统能够不断提高对用户兴趣的研判精准性和内容推荐的成功率。

（7）用户体验改进。智能分发系统的目标是不断改进和提升用户体验，使用户能够更便捷地发现和消费他们感兴趣的内容。

智能分发系统的核心优势在于其能够自动化地学习和适应用户的行为模式，从而提供更加个性化和精准的内容推荐。这种基于数据驱动的方法不仅提高了内容分发的效率，也为用户带来了更加丰富和满意的内容消费体验。

三、社交分发

社交分发指在新媒体的社交化使用趋势下，用户的新媒体社交行为逐渐掌控了数字内容的流通权，成为数字内容的主要分发范式。在社交分发范式下，数字内容主要经由用户的社交分享行为得到传播，同时，数字内容的扩散主要沿着用户的社交关系链这一路径进行。简单来说，社交

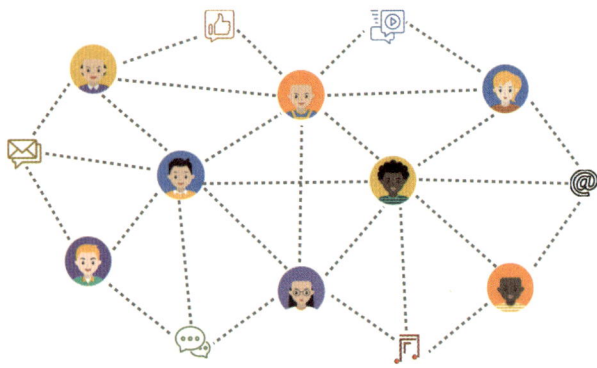

图3-7 社交分发模式

分发就是内容从一个个人用户到另一个个人用户的水平传递和扩散（图3-7）。

社交分发是利用社交网络的力量来传播内容的方式，它赋予了用户在内容传播过程中更为重要的作用。以下是社交分发的几个关键特点。

（1）用户作为传播主体。在社交分发中，用户不仅是内容的接收者，也是内容的传播者。他们通过自己的社交行为，如点赞、转发和评论，参与到内容的传播中。

（2）社交机制的作用。社交分发依赖社交网络中的互动机制，用户在社交网络中的行为可以激发其他人的协同行动，共同推动内容的传播。

（3）低门槛内容生产。社交分发鼓励用户以简单的方式参与内容的创作和分享，降低参与门槛，使更多用户能够轻松地参与到内容的分发过程中。

（4）增加用户话语权。社交分发模式下，用户通过自己的社交行为对内容进行评价和推荐，从而在数字内容分发过程中获得更大的话语权。

（5）内容的社交、互动与激发。当用户接触到能够激发他们社交互动意愿的内容时，他们更倾向于通过社交网络分享这些内容，以表明自己的态度。

（6）网络状的内容扩散结构。社交分发形成了一个网络状的内容扩散结构，其中任何一个用户都可以成为信息的传播者，影响其社交网络中的其他人。

（7）普通用户的量级和影响力。相对于专业内容生产者，普通用户的数量更为庞大。在社交分发中，他们可以成为具有重要话语权的内容传播者，影响内容的传播范围和效果。

社交分发的这些特点使内容的传播更加民主化和个性化，也为内容创作者提供了更广阔的传播渠道和更直接的用户反馈。

四、订阅分发

订阅可谓是历史最悠久的内容分发形态。早在大众传播时代，传统媒体就已经在报刊的订阅与有线电视的订购业务中出现了订阅分发模式。随着数字传播技术变革的不断演进，订阅分发得到从网站时代的订阅列表到平台型媒体时代的关注。无论形态如何演变，订阅分发在数字内容中始终扮演着一个重要的角色。

RSS阅读器是订阅分发范式的第一款定义性产品，是由真正（really）、简单（simple）、聚合（syndication）组成。使用RSS技术进行内容生产的网站可以直接向使用RSS阅读器关注过自己的用户自动推送有关网站内容更新的信息。而数字技术的进步和新媒体生态的变迁，使数字内容的生产和供应主体从独立的网站转变为由平台型媒体与自媒体账号所形成的共同体；订阅分发的订阅关系从用户对网站的订阅，转变为用户对自媒体账号的订阅；订阅工具也从RSS阅读器变更为平台型媒体上的关注功能（图3-8）。

订阅分发是一种基于用户与内容提供者之间建立的订阅关系的内容分发方式，允许用户根据自己的兴趣和偏好订阅特定的自媒体账号或内容源，从而接收他们感兴趣的内容，这体现了分发的精准化和个性化。同时，订阅分发具有以下局限性。

（1）内容接触范围的封闭性。由于用户只订阅了有限的内容源，他们接触到的内容范围可能相对封闭，这可能导致用户内容消费视野的窄化，从而减少他们接触到更广泛或多样化内容的机会。

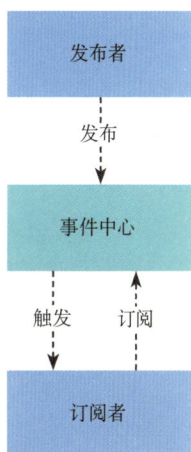

图3-8　订阅分发模式

（2）与数字内容供给能力不匹配。在海量数字内容的背景下，订阅分发可能导致大量内容产能无法有效触及用户，因为只有被订阅的内容源能将内容推送给用户，这限制了内容的分发效率。

由于上述局限性，订阅分发可能不再是一种高效率的分发方式，但它仍然可以作为一种补充方式，通过提供用户偏好的内容来增强平台用户的黏性，维持用户的活跃度和忠诚度。

本章小结

本章先对数字内容生产的主体进行了详细的概述，继而对数字内容的生产方式进行了分析。结合前两节内容，进一步梳理了数字内容的生产形式和分发模式。通过对本章的学习，可以了解到数字内容无论是生产主体、生产方式还是分发模式都与传统媒体时代不尽相同。数字技术体现了当今时代发展的特征，不仅影响了媒体和信息传播领域，还深刻影响了人类的生产和生活方式，是推动社会改造和世界进步的强大力量。

思考与实训

思考

1.在未来，UGC、PGC和AIGC三种内容创作主体，你认为哪种会成为主流？为什么？

2.不同类型的内容生产媒体有哪些特点？彼此之间有哪些相同之处和不同之处？

3.如何选择数字内容生产形式的载体？图文内容、音频内容、视频内容和交互内容，各有何优势与劣势？

4.简单说说你所理解的分发是指什么？通过不同的分发渠道对数字内容进行推广的区别是什么？

实训

北京故宫博物院的数字化发展进程

"文化总会消失，我们希望用数字化技术来延续故宫的文化传统"，让600岁高龄的故宫成为新晋网红。北京故宫是世界上现存规模最大、最完整的古代木结构宫殿建筑群，也是世界上收藏中国文物最多、来访观众最多的博物馆。

从1998年成立故宫资料信息部起，北京故宫博物院的数字化进程已有20多年了。这20多年北京故宫博物院从构建数字化办公平台、开展建筑文物的数字化信息采集工作、设计丰富的数字化文创产品到开展数字移动展览服务，形成了较为完善的博物馆数字化生态体系。

2001年，北京故宫博物院对外发布了故宫官方网站，在线发布文物信息。2016年，故宫开启了第一场"明清御窑瓷器——故宫博物院与景德镇陶瓷考古新成果展"的网络直播活动。2019年，故宫加速数字化建设进程，一次性上新了7款数字化产品，利用高精度的三维数据全方位立体式地展示了文物的细节和全貌，观众通过官网就能全角度观看文物藏品。

2020年，"数字故宫"小程序发布，小程序涵盖建筑点位收藏、在线虚拟游览、提前发现精选推荐等内容，并有AI导览助手，提供导览问询一站式服务。2021年，中国国际服务贸易交易会上故宫首次以数字化形态亮相展会平台，并走向世界。2022年，北京故宫博物院旗下中国文博深度云学习平台"故宫云课"App上线，包含中国书画、器物、古建筑、宫廷生活等八大门类视听课程。

从线下的北京故宫博物院到线上的数字文化展示项目，故宫的数字化探索紧跟时代潮流。目前，北京故宫博物院已经完成70余万件文物的基础数字化工作。未来，北京故宫博物院将使用知识图谱等技术，整合文物信息，支持智能化搜索，进一步使文化传播借助数字化工具适应现代生活，实现全民共享。

问题讨论

1.请思考故宫数字内容主要的生产形式是什么。

2.请结合案例阐述故宫数字内容的分发模式。

3.当传统文化与现代科技相融合，你认为数字化会对传统文化带来哪些影响？

第四章

网络短视频内容生产与运营

2022年，H品牌上线了一段由P歌手出镜的1分48秒创意广告片，这则短视频摈弃了对产品性能与数据的堆砌，通过画面与音乐链接情感，用纯粹的方式展现H品牌耳机带来的沉浸式体验。在短视频中，P歌手戴着耳机，时而神情专注，时而眯眼享受，沉浸在属于自己的音乐世界里。但是，除了淡淡的环境背景音，屏幕前的我们听不到一丝一毫耳机里的音乐，只能通过P歌手细微的表情变化，感受他陶醉在音乐中的情感起伏。该短视频在微博、抖音、微信视频号等多个平台播放，均获得了良好的用户反馈。一次成功的短视频广告传播，除了产品本身及吸引眼球的形式创新外，有效洞察并关联用户情感，引导用户参与话题互动，借助代言人的气质与理念注入品牌精神，达成品牌与用户的深度共鸣，是提升品牌影响力和认知度的有效路径。

有人说，这是一个"无视频，不媒体；无网络，不社交"的时代。短视频作为一种新兴的媒体形式，已经成为社交互动和信息传播的重要平台，在以集群化为特征的传播生态中表现出极大的影响力。本章将以短视频为数字内容生产载体，重点分析短视频形式信息传播的特点、内容产品的逻辑及定位，并深入阐述网络短视频内容的创作技巧及商业变现模式。

第一节　网络短视频信息传播的特点

短视频是基于移动互联网发展和社交媒体平台兴起形成的媒介内容新形势，具有移动、及时、碎片化、社交化等特点。短视频内容已经成为用户内容消费和日常社交的最优选择。同时，在企业进行品牌曝光、内容种草、销售转化的内容营销中，发挥着关键性作用。

一、多元化的传播主体

社交媒体环境下，信息传播主体呈现出多元化的特征，这一现象主要表现在传播者和受众之间的界限变得模糊，每个人都可以成为内容的发布者和传播者。短视频作为一种新兴的媒体形式，极大地降低了内容制作的门槛，使普通用户能够轻松参与到内容创作和传播中来。

普通用户通过分享日常生活和展示个人才艺，创作出真实、普世的内容，这些内容往往能够更好地反映短视频平台的特色和调性。与此同时，专业用户和专业机构则通过更高质量的内容制作，为平台带来权威性和专业性，同时具备较强的话题性和带货能力。此外，

（MCN）机构通过发掘和包装有潜力的内容和人物，形成了完整的商业化运营模式。MCN机构的加入，不仅丰富了短视频平台的内容生态，也为内容创作者提供了更多商业机会和发展空间。

这种多元化的传播主体结构，为短视频行业创造了不同的商业价值。UGC通过广泛的用户基础和参与度带来影响力，PUGC和PGC通过高质量内容吸引专业观众，而MCN机构则通过规模化运营实现了商业最大化。这些不同类型的传播主体共同促进了短视频平台内容的多样性和丰富性，形成了一个充满活力和创新的内容生态系统。

二、滚雪球式的传播内容

短视频的传播过程具有独特的滚雪球效应，与传统视频一对多的传播模式有显著区别。这种传播方式使信息内容在传播中的深度与广度能够实现裂变式增长，具体表现在以下几个方面。

（1）传播范围。一条短视频如果内容吸引人，便能迅速获得用户的认可和喜爱。用户通过点赞、收藏、分享等方式参与互动，这些行为是量化和可视化的，可以被平台的算法捕捉到。算法可根据用户的正面反馈，为视频分配更多的流量，进而将其推荐给更多用户，实现传播范围的不断扩大。

（2）话题讨论。在社交媒体环境中，那些能够引起共鸣、与用户生活紧密相关的话题，很容易激发用户的参与和讨论。用户的留言和评论不仅直接参与到短视频的互动中，而且他们的发言本身丰富了内容的层次，使互动分享过程成为对原短视频内容的再生产。这种讨论的热度如果足够高，就可能形成病毒式传播，使短视频成为热点话题。

（3）内容再创。短视频的内容可以通过社交传播性话题不断延伸和扩展。从单一事件可以延伸出一类社会话题，从一个热点可以衍生出周边内容和二次创作。短视频的上传只是传播的起点，而其社交属性将其带入一个连续的传播链中。后续用户在观看短视频时，不仅获得了原始信息，还接收到了其他用户提供的附加信息，这些附加信息实际上是对原视频内容的再生产和意义扩展。

短视频的这种滚雪球式传播机制，不仅使内容得到迅速扩散，还促进了用户之间的互动和内容的共同创造，形成了一个动态的、自我增长的传播生态系统。

三、移动化的传播形式

传播形式的移动化是数字媒体发展的关键趋势，特别是在短视频领域。自2016年起，中国短视频市场呈现爆发式增长，起初由秒拍、快手等平台引领，随后微信、微博等社交平台也开始涉足移动短视频领域。抖音、小红书等专业性内容生产平台的出现，进一步推动了这一趋势。

移动化传播的核心在于平台的移动化和用户生产内容的便捷性。用户根据不同平台的特点和机制，调整内容发布的形式，实现一对多的矩阵式传播。此外，越来越多的短视频用户可以"分时、分地、分领域、分平台"弹性化地参与到短视频内容的创新生产中。移动互联网时代，这种弹性化内容生产方式，让用户能够将闲暇时间转化为创造内容的"盈余"价值，用户可以根据自己的兴趣和专长，创作出具有个性和创意的短视频内容。传播形式的移动化不仅改变了内容的生产和传播方式，也为用户、平台和研究者带来了新的机遇和挑战。随着技术的不断进步和用户需求的持续演变，短视频等移动化传播形式将继续在媒体领域发挥重要作用。

第二节　网络短视频内容产品的逻辑

网络短视频内容产品的逻辑在于内容生产者如何生产出优质有价值的内容，如何通过各类平台快速、高效、直接地抵达用户，吸引用户关注与互动，进而完成购买行为及对该品牌的长期记忆。

一、核心：优质的内容

近年来，互联网用户的增长速度已趋于平稳，移动互联网应用的主要用户基数将维持在一个相对稳定的水平。随着新增用户带来的市场红利的逐渐减少，竞争将更多地转向现有用户群体，使存量市场的竞争变得更加激烈。在这样的背景下，内容的价值重新得到重视，优质内容成为突破互联网发展瓶颈的关键。

在新媒体的语境下，"内容为王"这一理念被赋予了新的内涵和生命力。技术的赋能使内容生产者和消费者之间的界限变得模糊，内容生产不再是一个孤立的环节，而是与内容消费、传播、运营等多个维度紧密结合（图4-1）。优质内容的价值不仅体现在内容本身的质量、利他性和吸引力，更在于其传播的便捷性和触达目标用户的效率。

易见性、易传播性和易分享性成为衡量内容质量的重要标准。这要求我们从全局和系统的视角审视内容的生产和传播，强调内容创作、传播和消费各环节的有机结合和可持续发展。整个内容生产和传播的过程以优质内容为核心，从内容创作开始，通过有效的组织、传播和消费，满足受众需求，实现信息价值的最大化。

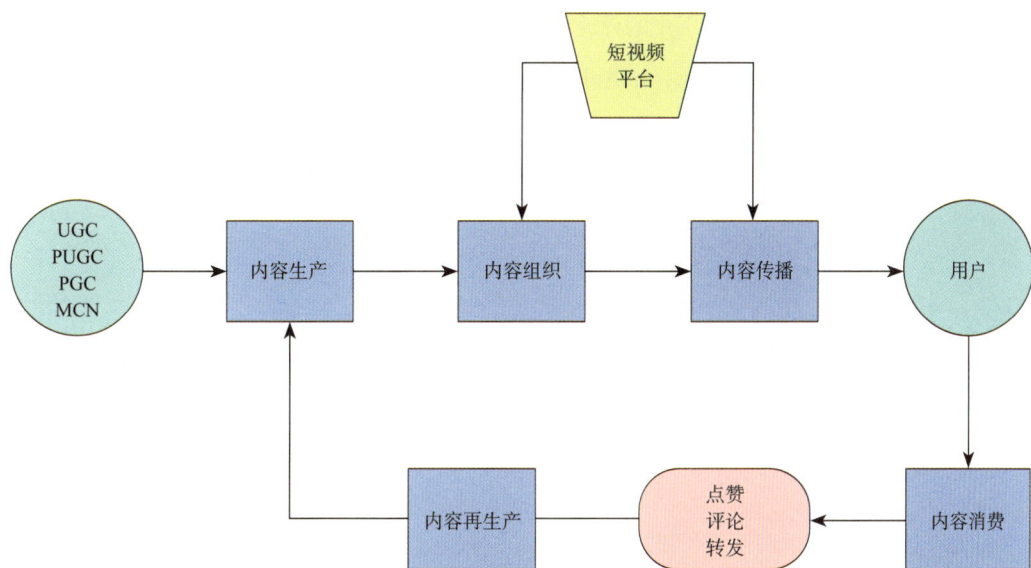

图4-1 内容生产与传播互动图解

二、闭环：基于平台的互动生态链

平台作为企业与用户互动的桥梁，扮演着至关重要的角色。它不仅是双方交流的场所，也是完成互动闭环的关键环节。企业通过精心选择适合的平台，并根据平台特性制作和投放内容，以触达目标用户群体。

用户在社交平台上的活动，包括接收内容、选择感兴趣的内容进行浏览，以及通过点赞、评论、转发等行为，形成一系列评价和反馈（图4-2）。这些互动行为不仅表达了用户的情感和偏好，也为企业提供了宝贵的数据资源。

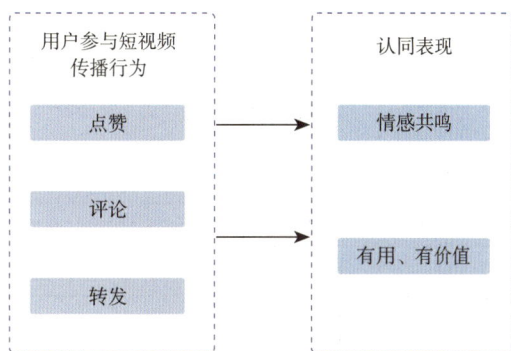

图4-2 用户参与行为表现

企业通过收集和分析用户在平台上的行为数据，如点赞、评论和转发，可以洞察用户的需求和偏好，进而调整内容策略和传播计划。用户在平台上留下的使用痕迹，是衡量短视频用户行为的关键指标。

点赞通常被视为用户对内容的认可，而转发则在认可的基础上，进一步表明了内容对用户具有实用价值或情感共鸣。用户评论则提供了更深层次的信息，它们不仅代表用户对内容的消费行为，还反映了用户的观后感和价值取向。

从信息生态的角度来看，用户的评论文本是理解用户内心世界的重要窗口。与浏览量、转发数、点赞数等量化指标相比，用户的评论能够提供更直接、更丰富的情感和态度信息，有助于企业深入理解用户的真实反馈。

三、关键：以情绪共鸣拉近用户

短视频作为一种新兴的媒介形式，其内容创作策略在视觉呈现上追求强烈的感官刺激和情感触动。这种依托视觉冲击和感官体验的内容生产模式，已经获得视频制作者的青睐。一些制作者甚至采用夸张的表现手法，唤起用户对视频内容的正面响应，并促进情感与行为上的共鸣。

与传统模拟图像相比，短视频中的数字图像承载着更为复杂的社会意义和个人认同。在短视频平台如抖音、快手上，图像不仅是信息传递的工具，还体现了一种技术逻辑，这种逻辑在用户塑造自我形象的过程中，满足了用户对自我身份的认同需求。这种视觉图像的编码逻辑，当其融入社交语境时，能够激发集体的共鸣，形成一种社交狂欢现象。

短视频的社交特性强化了用户间的互动和内容分享，使内容的传播更为直接和有力。社交分享机制和智能推荐算法共同作用，将兴趣相投的用户聚集在一起，形成了一个具有共同需求和爱好的社交网络。在这个网络中，情感的渲染和扩散能够激发群体的集体认同，从而引发共鸣（图4-3）。

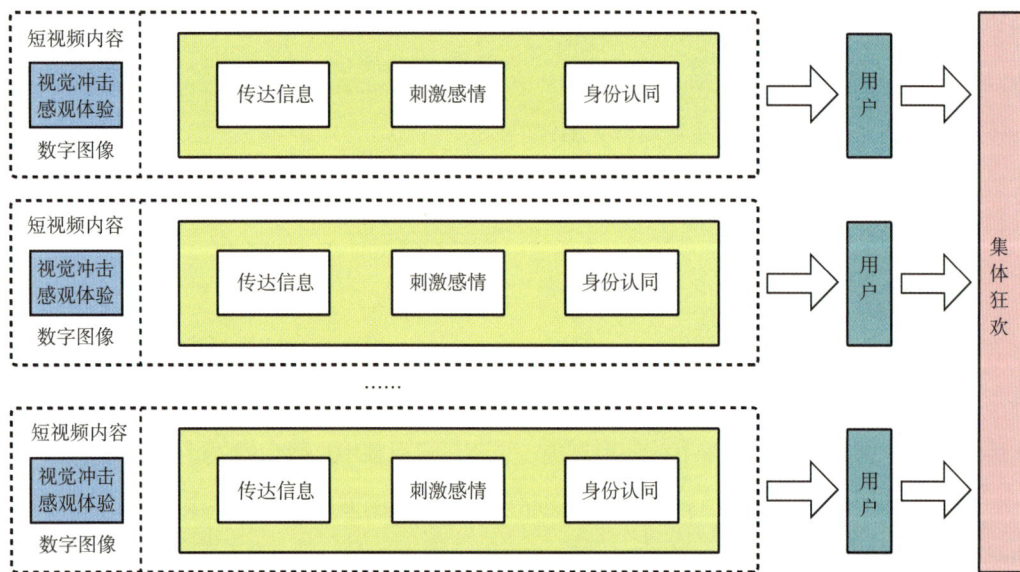

图4-3 用户情感共鸣

短视频通过视觉奇观吸引并集合了具有共同感官体验和情感反应的用户群体。即便某些用户最初只是单纯地关注视频内容，并未进行点赞、转发、评论或分享等互动，但一旦他们被纳入一个具有集体情感的社交圈子中，原本的"关注"就可能在集体情感的影响下转变为"喜好"，甚至发展出想要将内容推荐给他人的强烈欲望。在这种视觉奇观所营造的环境中，个体情感的积累和发酵能够转化为集体情感，这种集体情感成为一种新的符号资本，它能够进一步增强个体的心理需求，并最终激励群体采取分享行为。这一过程不仅体现了短视频在情感传播上的强大功能，也揭示了社交媒体环境下集体行为形成的内在机制。

四、突破：拓展企业的多元价值

短视频自诞生之初便具备商业变现的潜力。随着其不断发展，短视频的价值创造不再局限于吸引流量这一单一目标。它开始承担记录生活、反映社会变迁及创作具有文化艺术内涵内容的角色。这种转变体现了短视频在传播价值和文化意义上的深层次功能。例如，一些展示中华文化之美的短视频，其审美和艺术价值已经超越了单纯的流量吸引功能。这些视频不仅展现了中国故事的魅力，也成为传播中国声音的重要途径。在这种价值驱动下，短视频的角色正在发生转变（图4-4）。

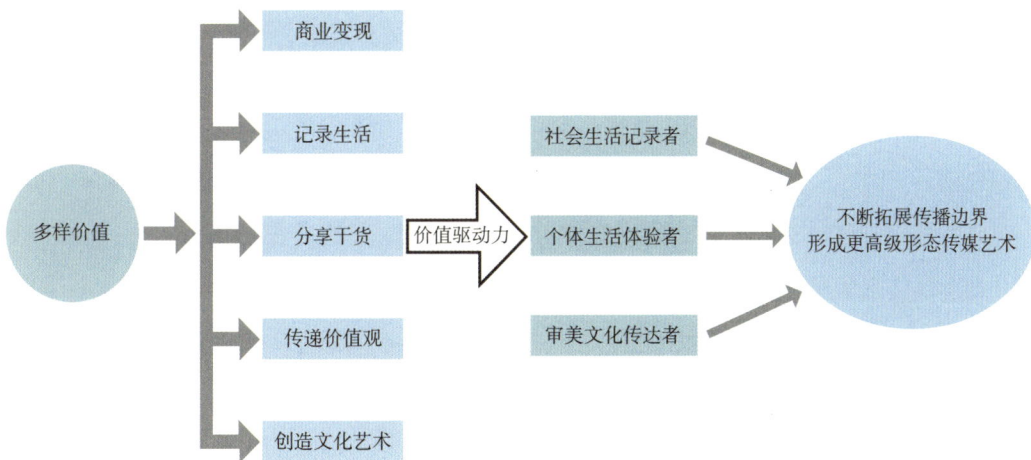

图4-4 短视频多元价值

（1）社会生活记录者。短视频成为记录社会生活和变迁的工具，捕捉和反映社会现象，为观众提供了解和思考现实世界的窗口。

（2）个体生活体验者。通过展示个体的日常生活和经历，短视频为观众提供了体验不同生活的机会，增强了内容的共鸣和参与感。

（3）审美文化传播者。短视频成为传播审美和文化价值的载体，通过视觉和听觉的结合，传递艺术美感和文化理念。

短视频的这些角色不仅拓展了其传播的边界，也丰富了其商业变现的可能性。随着短视频内容质量的提升和艺术性的增强，逐渐成为推动传媒艺术向更高级形态发展的力量。

第三节　网络短视频内容的定位

根据网络短视频不同的价值功能，可将其分为娱乐类、知识类、政务类、乡村类四大类。

一、娱乐类：即时的欢乐一刻

在新媒体时代背景下，搞笑类短视频以其独特的形式和特性，成为一种新兴的网络视频形态。这类视频时长通常极为简短，普遍为三五分钟甚至一两分钟，其紧凑的节奏和丰富有趣的内容设计，旨在迎合现代快节奏生活的需求。它们不仅为用户提供了在紧张忙碌之余放松身心、缓解疲劳的平台，还能有效地利用碎片化的时间，为用户提供娱乐消遣。

搞笑类短视频在内容定位上，主要分为纯搞笑型和真实故事改编型两大类别。纯搞笑型视频通过集合一系列触发观众笑点的画面，以高频率的幽默元素吸引观众的注意力，创造出一种即时的、沉浸式的欢笑体验。这种类型的视频能够迅速激发观众的多巴胺分泌，为其带来愉悦感。

真实故事改编型视频则从日常生活的细节中汲取灵感，将真实发生的事件通过夸张和戏剧化的手法进行呈现，既引人发笑，又引人深思。这类视频往往蕴含更深层次的寓意，可能包含反讽、自嘲等多重意味，为观众提供了更为丰富和深刻的思考空间。内容生产者在创作作品时要注意，避免侵犯原型人物名誉权，避免误导青少年价值观，造成社会和网络环境的风气异化。

中国网络视听节目服务协会发布的新版《网络短视频内容审核标准细则》中，重点针对社会高度关注的泛娱乐化，以及低俗、庸俗、媚俗问题的新表现，对原有21类共100条标准进行了与时俱进的完善。搞笑类短视频遏制庸俗内容传播，一方面通过平台运营商建立短视频综合审查机制、优化推荐算法等方式，加强内容审核，融入公共价值，避免过度个性化推荐导致的"信息茧房"效应。另一方面强化行业自律，明确视频内容生产者的行为界线，提高传播主体自身的审美标准和道德底线。同时，观众也应提高媒介素养，自觉抵制和举报低俗内容，共同营造一个健康、清朗的网络文化环境。

（一）搞笑情景

搞笑类话题一直是经久不衰的类型，在各大社交、短视频平台均有其一席之地。搞笑情景类短视频以其直观、幽默的特点，满足了用户对于轻松娱乐内容的需求。用户观看此类视频的主要动因在于释放身心压力、获得精神上的愉悦。如何制作出能够触动用户精神需求的幽默作品，成为内容创作者获取流量的关键。

内容定位：包含搞笑场景、滑稽表演或机智的对话，引发用户的即时反应。

创作逻辑：提升短视频的幽默程度和笑点密集度。

（二）诙谐段子

诙谐段子类视频通过博主以第一人称视角，对日常生活、流行文化或时事热点进行幽默吐槽。这类视频紧密结合社会热点和观众的实际体验，以真实的吐槽引发观众的共鸣。

内容定位：聚焦垂直领域的共性话题，挖掘用户群体的痛点、痒点，成为用户的"互联网嘴替"。

创作逻辑：虽然吐槽可以反映社会现象，但内容创作者应以建设性视角呈现问题，用轻松幽默的方式化解用户情绪。

（三）日常生活（奇葩事件）

日常生活类搞笑短视频通过夸张的表演手法，再现日常生活中的有趣情景。这类视频通常制作简单、拍摄地点常见，不强调复杂的拍摄手法，以简单直接的方式呈现内容。

内容定位：源于大众生活中的冲突、交往、经历，以戏剧化的表达方式呈现。

创作逻辑：选取用户日常生活中常见的情景，快速与用户建立情感连接，并突出高潮部分，展现生活的小瞬间。

二、知识类：没有围墙的万物学习

互联网使知识的壁垒逐渐消失，用户可以上网自主获取知识。知识类短视频主要向用户传播技能干货，实现对某一领域经典观点、基础技能和方法论的传播，使用户从中受益，学到知识。

（一）生活科普

当下，国家正在大力推进科学知识普及，不断推动公民科学素养的提升。一时间，科普类短视频成为现象级网络视听作品，让更多的生活常识、科学理论、学术知识走进千家万户。生活科普类创作者的优势在于，在某一领域具有权威性，其分享内容具有有效性、实用性。"比普通人多懂一点"，并愿意将自己的生活小窍门分享出来，就是该类账号的"流量密码"。

内容定位：权威性，即在特定领域具有专业知识和权威性。易理解性，即能够将复杂的专业术语转化为通俗易懂的语言。可习得性，即讲授用户知识，并帮助他们掌握。除了医疗、法律等专业领域，生活常识类内容也极受用户欢迎。

（二）升学考证

内容定位（图4-5）：备考辅导，即由培训机构或个人制作，包含备考流程图、重要时间线、各阶段复习计划、经典书籍、题型方法论等。他们的短视频往往因"有用"而受到大批备考群体的收藏关注。学习打卡，即备考考生分享自己的学习方法和日常学习进度，通过固定镜头和延时摄影技术，将长时间学习过程压缩成几分钟的视频，并配以励志语录和音效，实现自我激励和激励他人。

图4-5 升学考证类型分析

（三）母婴育儿

母婴育儿类短视频常见于小红书平台，作为综合类"种草"分享社区，小红书对于新生代父母的生活和消费的影响不容小觑。对于母婴人群来说，无论是在备孕期、孕中期还是育儿期，短视频都是获取专业信息的重要路径。好物测评、专家知识分享、达人"种草"等，影响用户消费心理的作用正在放大。

内容定位：母婴博主在平台上分享孕期及孩子各个年龄段的自用好物、生活日常和育儿经验等。记录孩子成长经历的同时吸引更多宝妈相互交流，形成母婴群体的社交圈（图4-6）。

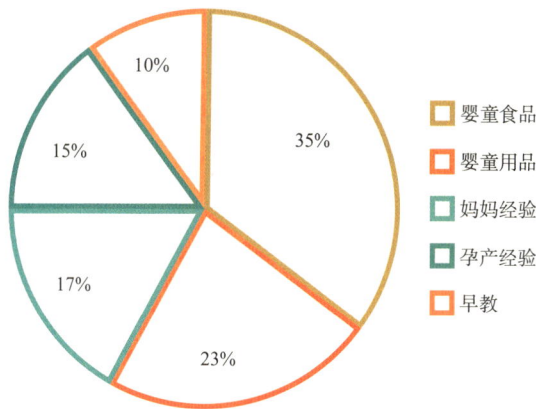

图4-6 母婴笔记互动量TOP100类型占比图（数据来源：千瓜数据）

创作逻辑：笔记从产品体验、使用分享、测评、心得等多方面为用户提供从备孕到孕期护理，再到产后修复、婴童用品及早教等一系列购买指导和建议，满足"孕、产、育"各阶段的消费需求。

三、政务类：主流价值观的浸润

2018年短视频借力政务传播驶上快车道，迅速成为政务新媒体转型升级的新平台。政务类短视频的主要功能在于传播正能量和官方主流媒体价值观。

（一）主题人物

新媒体是"以人为根基"的文化，需要激发用户的情感认同与参与感，从而达到"打动人心"的效果。因此，移动社交短视频注重人的视角、感情与体验。政务类账号的作品更是重视对人物形象的塑造，以人物故事为核心切入点，烘托主题。针对不同的报道主题，主流政务类在人物故事的呈现上主要分为三类。

（1）普通劳动者。展现各行各业普通人的生活，传递平凡市井的温情与感动。

（2）行业领军人物。展示科学、文化、商业、医学等领域的先进人物，多维度反映社会的发展与进步。

（3）英雄形象。展现如人民解放军、消防战士、革命爱国志士等的担当与作为，激发大众的爱国主义与英雄主义情怀。

创作逻辑：虽然在人物的选择上，不同报道主题具有不同程度的差异，但表现手法都是采用场景化的形式聚焦于"个体"的角度，呈现出人物背后的价值观及故事内核（图4-7）。

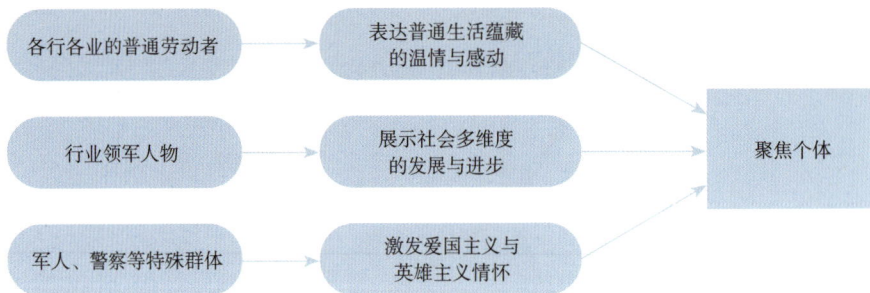

图4-7 主流政务类人物故事呈现

（二）热点事件

根据抖音热点和巨量算数联合发布的2023抖音年度观察报告视频，2023年抖音带"亚运会"词条的热点个数超过1000个，播放量超过14亿。"#多巴胺热点事件"被分享80万次，累计在榜30天，有3.3万人传播热点，共影响超过2亿用户。短视频平台因其时效性、便捷性和丰富的视听表达，成为用户获取重大及热点事件内容的重要渠道。同时，平台的互动评论功能为用户提供了一个表达观点和参与讨论的空间，使他们不仅是信息的接收者，也成为信息交流的参与者。

内容定位：短视频内容策划需紧跟社会热点议题、重大突发事件、重要节假日和具有特殊意义的时间节点，生产有趣、有创意、有温度的内容，更容易出现"爆款"产品。

新闻影像化：短视频平台为新闻内容提供了影像化的表达形式，符合现代社会用户的阅读习惯和审美需求。

资源优势：依托主流媒体资源优势，能够第一时间获取现场独家资料，通过短视频进行迅速报道，能够延续新闻时效性的价值，增强媒体的公信力和权威性。

（三）政策解读

主流媒体在政务资源等方面具有得天独厚的内容优势。通过对官方话语进行摘录和解读，能够让年轻网民群体了解最新的国家政策、外交方针、社会民生、国际事件等重大议题，从而获得广泛关注和积极互动。

内容定位：结构简单，即新闻资讯结构清晰，便于受众理解；内容突出，即重点内容明确，易于抓住受众注意力；叙事多元，即叙事主体多样，丰富信息呈现；用词亲民，即用词丰富且贴近民众，增强亲和力；

创作逻辑：淡化宣传色彩，注重权威性，适应互联网受众的视听习惯。

四、乡村类：传统文化宣传的新通道

第54次《中国互联网络发展状况统计报告》显示，截至2024年6月，我国网民规模近11亿人（10.9967亿人），较2023年12月增长742万人，互联网普及率达到78.0%。其中，农村网民规模也在不断扩大。《抖音2024乡村文旅数据报告》显示，过去一年，抖音新增乡村内容10.9亿条，播放量近2.8万亿。县域及以下打卡内容同比增长17.8%，获赞超746亿次。在抖音，一批"乡村好风光推荐人"正在被大众熟知。

（一）乡村生活

乡村生活类短视频以农村日常生活为背景，其中美食类内容尤为突出。这些视频通常由乡村自媒体创作者制作，他们利用当地的新鲜食材，通过演示美食制作过程和互动品尝场景，向观众介绍乡野美味。

内容定位：就地取材，即直接在河边浣洗，制作完毕立刻品尝，利用当地自然资源，展现食材的新鲜和地道；沉浸式体验，即通过美食制作和品尝，让观众沉浸于田园风光之中；展示农村特色，即带有农村空间的异质性及独特性，展示农村当地的物产丰富和人民的淳朴勤劳，从小人物、小缩影窥见农村生活的一角；激发共鸣，即在味蕾和感情上勾起观众的乡愁，激发观众的分享欲。

（二）乡村景色

对于久处都市高楼的用户而言，乡村景色是一种闲适生活的象征，是"采菊东篱下，悠然见南山"的精神寄托，都市居民在现实中越无法抵达田园，就越痴迷于手机世界中的乡村生活。

内容定位：自然意象，即在环境方面，蕴含动植物、山水、农田等自然元素，勾勒出乡村的自然美；原生态声音，即保留自然声音，如水流声、鸟叫声、鸡犬声等，自然画面和声音交织映衬，保留原汁原味的田野气息，构建真实纯粹的乡野场景；心灵洗涤，即提供"返璞归真"的心灵体验，满足用户在高压、快节奏状态下对"慢生活"的向往；治愈力量，即强烈的视觉反差和自然气息给予用户身心的治愈。

（三）乡村文化

乡村文化是乡村更深层次的底蕴，不仅是传统村落的建筑美，耕田犁地、祭祀祈福的风俗美，更重要的是我国辽阔乡村孕育出的东西各异的地域特色。这些具备独特性和稀缺性的本土文化凸显了中国文化的源远流长与博大精深，也是创作者们取之不尽、用之不竭的创作灵感源泉。

将当地人习以为常的乡村文化传播出去，吸引用户关注、前往打卡，就是焕发乡村文化的时代生命力，也是在"讲好中国故事"宏观大背景下的时代使命。弘扬乡村文化是乡村类账号的重要一环，也是推动乡村振兴的重要一步。

第四节　网络短视频内容创作的技巧

以用户需求为导向，深耕优质内容，运用网络语言的表达形式，利用平台打造多元传播矩阵，都是网络短视频内容创作的底层逻辑。

一、用户思维：捕捉真正的需求

把握用户需求至关重要。在注意力经济时代，原创工作者更多需要从用户心理出发，相比于单调的文字和图片，用户更容易被短视频这种形式吸引。因此，原创工作者也需要及时把握市场需求变化，提高创作内容的观赏性和趣味性。

在有了精准定位、完整细致的用户画像为基础的前提下，内容创作者要想在众多短视频内容中与用户建立黏性互动关系，必须要在内容生产环节形成独特的视听语言，要以用户视角来思考、拍摄。

（一）内容创作前用户思维

个人与用户喜好的平衡——创作者需自问内容是否符合用户的兴趣，而非仅凭个人喜好。

内容性质的界定——区分内容是宣传说教还是具有吸引力的故事或生活态度的展现。

换位思考——站在普通用户的角度审视自己的作品，评估其吸引力和价值。

（二）内容创作的用户导向

账号类型定位——明确账号的主题和风格，确保与目标用户群体的兴趣相匹配。

用户特征分析——通过分析同类型"爆款"短视频，收集用户数据，了解用户想看的内容。

提炼爆款话题——基于用户喜好和市场趋势，挖掘并创造潜在的热门话题。

二、优质内容：多维度打磨作品

对于短视频这一新兴形式而言，内容质量仍然是吸引和维系用户的关键。优质内容体现在内容生产的方方面面（图4-8）。

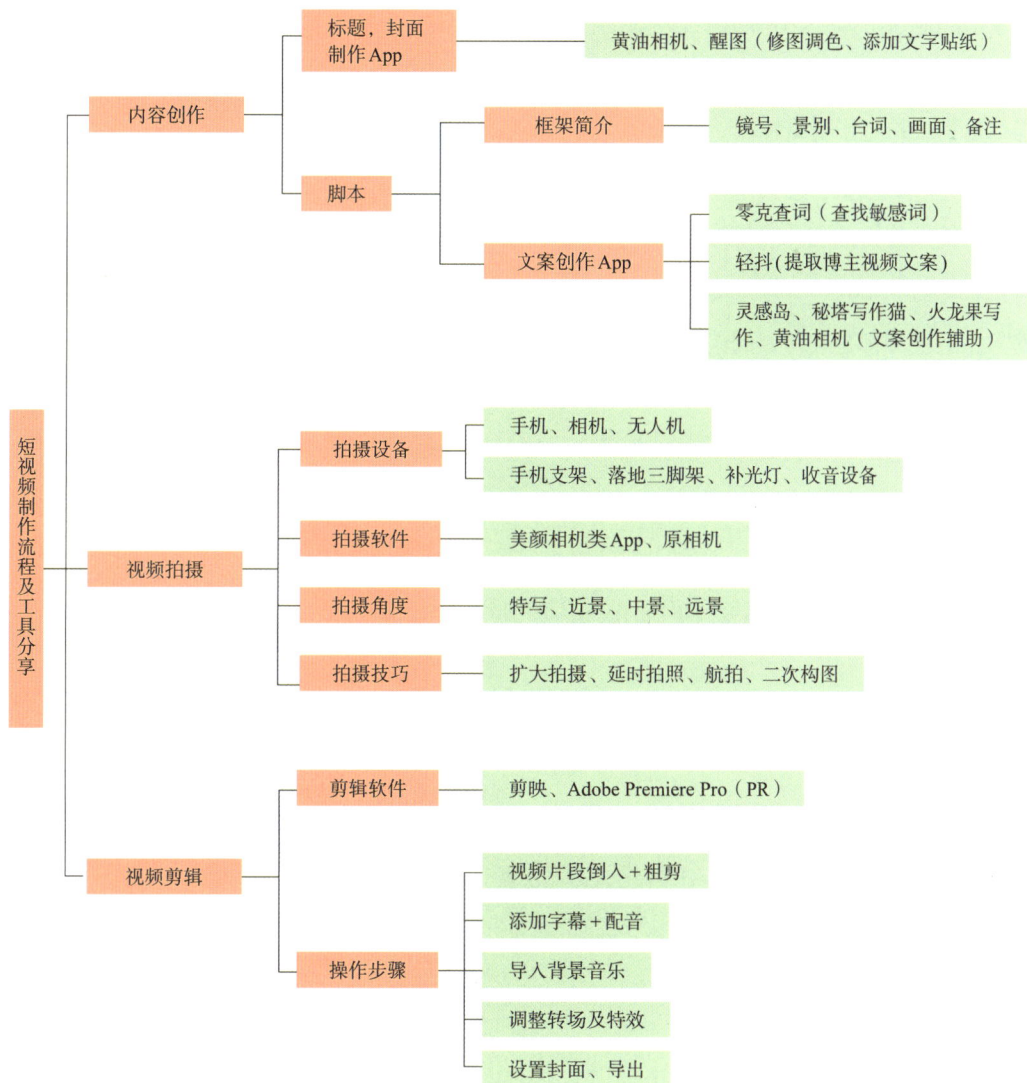

图4-8　短视频制作流程及工具分享

三、善用平台：提高传播效率

短视频内容依托平台而传播，短视频平台是沟通内容创作者与用户的桥梁。那么，最大化地利用好平台，就能实现最大化的传播效率。有两点值得内容创作者们注意：一是用平台的网络语言表达；二是整合多个平台资源，打造传播矩阵。

无论是娱乐功能类短视频，还是社会功能类短视频，用贴近网络用户的网络语言表达都是拉近与用户间距离的必经之路。调查显示，抖音平台受众中，19～35岁的年轻网民占比最高。因此，短视频内容大多呈现年轻化、娱乐化的特点。基于这一现状，在短视频的创作与叙事上应避免严肃、刻板的语言风格，在语态上更注重结合互联网受众的喜好和碎片化的视听习惯。例如，很多作品在标题上注入"C位出道""圈粉""泪目"等网络词汇或表情包等新媒体语言，拉近了受众距离；在视频内容中，也采取了大量受欢迎、聚流量的"网红"背景音乐和特效。

为扩大传播范围并获得最好的传播效果，短视频的传播需要尽可能地依托于多个平台进行融合传播。"跨界"，即"短视频＋"融合出的新产品，如社交网络、综合媒体、电商、直播等，短视频都是非常好的附着手段，结合自身的特点，短视频能够和多种传播平台进行直接的融合与发展。由此，短视频发展出顺应时代潮流的如"短视频＋直播""短视频＋电商"等内容呈现方式，依托直播平台、电商平台等多个平台，不断拓展渠道并增强其影响力。

第五节　网络短视频商业变现的模式

对于任何网络短视频运营而言，想要获得可持续发展，最重要的一点就是实现内容的商业化变现。商业收入除了广告商单外，还兼具内容付费、直播打赏、IP孵化、节目授权等多种方式（图4-9）。

一、广告营销模式

（一）产品植入合作类

短视频作为适合在碎片化时间使用、信息量更集中、用户感知更丰富的内容载体，在越来越吸引用户的同时，也吸引了广告主加入，并成为大部分短视频创作者的收益来

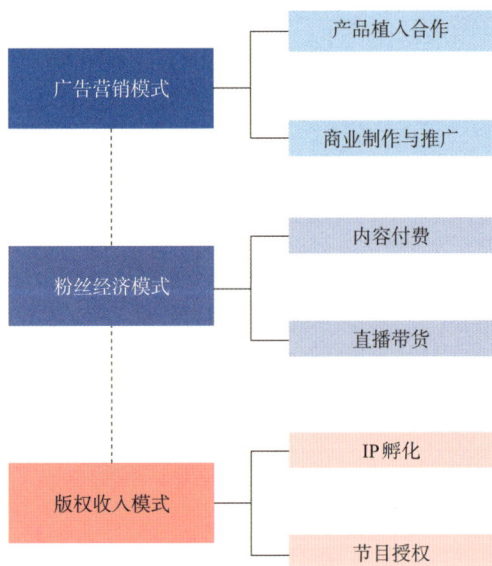

广告营销模式
　产品植入合作
　商业制作与推广

粉丝经济模式
　内容付费
　直播带货

版权收入模式
　IP孵化
　节目授权

图4-9　商业变现模式

源，其中内容软植入最受欢迎。而在这个产业链中，大部分创作者难以有自主获取广告商的能力和机会，所以各平台和MCN机构就会扮演"中间人"角色，根据广告主的要求，进行内容规划，围绕短视频的定位风格寻找分发。广告价格受短视频内容创作者所拥有的粉丝质量、黏性和时长等因素影响。

广告主和网红达人合作推广商品，将商品植入视频内容中。在此基础上，有部分广告商和网红达人根据广告定制视频内容，短视频创作者在接到广告后，会根据个人视频类型进行内容创作，让所推广的商品融入视频内容，由此产出的视频整体风格与创作者的视频惯有风格相符，粉丝在观看过程中会加深对商品的印象，达到良好的推广效果。例如，某手工达人在替手机游戏做推广时，利用钢板等材料制作该游戏的代表性角色，在符合自身创作特色的同时，为商品做了大量曝光，获得广告商和粉丝的双重认可。

（二）商业制作与推广类

商业制作与推广业务主要是短视频自媒体创业者利用自身制作视频的专业能力，为一些团体或者个人量身定做视频，满足其个性化需求的服务。这种视频订制服务在自媒体创业初期较为常见，没有粉丝为依托，没有有效的传播渠道，只进行纯粹的视频订制。这种业务属于潜在的盈利变现方式，在积累经验和实力中逐渐形成完善和成熟的订制服务模式或体系。

二、粉丝经济模式

粉丝经济的根本目的是追逐经济效益，将粉丝的关注变现是粉丝经济中最为关键的环节。

（一）内容付费类

短视频在本质上是一种内容服务，以简短的视频内容为用户提供信息并服务于视听体验，体现了内容对用户的价值。内容付费是短视频中最直接的一种变现方式，一方面是平台方的内容补贴，另一方面是用户的直接付费。

平台内容补贴，是希望借助这一机制，激励创作者创作更多、更优质的内容。今日头条曾经宣布投入10亿元补贴短视频创作者，腾讯为推广微视App宣布投入12亿元补贴，这些补贴都是短视频平台代替用户进行内容付费的表现，有利于鼓励优质内容创作者继续创新，形成短视频内容创作者良性竞争的发展格局。

而用户付费这种方式，本身在长视频和音频平台上应用较广，移植到短视频平台上，呈现出提供专业内容的形态。例如，在短视频问答平台"问视"上，专业知识提供者用3分钟视频解答所在领域问题，其他用户付费观看。而短视频产品"看鉴"提供的是付费专辑，每个专辑有10条左右的短视频，每条视频约3分钟，普及历史人文、自然地理、文化风俗等。从用户层面而言，目前绝大部分的短视频虽然以免费的形式呈现给用户，但创作者为这一作品付出了一定的劳动，用户通过赞赏、付费对创作者的劳动进行补偿，在用户付费习惯养成后，内容付费将成为短视频变现的重要渠道。

（二）直播带货类

直播带货是一种电子商务营销模式，通过互联网平台利用直播技术和技巧，对商品进行近距离推广和营销。随着4G网络的普及和5G网络的发展，网络信息传播由图文时代转变为视频时代，为直播带货提供了技术支持。优质视频内容创作者通过短视频页面网址引导或采用口头播报的形式引流到广告主的购买渠道，用户通过浏览视频，引起购买欲望后直接跳转落地页完成购买。短视频平台通过内容吸引用户，再通过直播带货实现商业变现，短视频内容达人的人设类型、粉丝黏性、选品都会影响直播间观众的订单转化。

据微信公开课的数据显示，在视频号直播带货用户群体中，女性占比超70%，30~50岁群体贡献了40%的用户增量。除了内容引流电商这种方式，还有一些短视频媒体会与电商平台合作，如店铺视频化，更深入挖掘"内容＋电商"的转化变现。

三、版权收入模式

（一）IP孵化类

如果仅从字面意思来看，IP就是Intellectual Property（知识产权）的缩写，这并不是一个新鲜的概念。但是，在谈论短视频IP的时候，还是要在原来的基础上为其赋予一层新的含义，使之与传统的知识产权概念有效区别。

过去的IP仅把焦点停留在知识产品的产权化变现层面，而今天的IP已上升为基于内容创作的价值观、人格和情感连接，是作者和用户共同智慧所创造的具体内容，以及由此而来的用户共同体——它不但强调经济价值，还强调经济价值之外的社会、文化和情感价值。实际上，IP最终追求的是商业化基础上的价值认同和文化共鸣，可以跨越群体、形态、时代和文化而存在。因此，当内容创作者的短视频作为全新的文化IP时，其所产生的广泛影响力，将远超出国内与国外、农村与城市、贫穷与富有的界限，成为一种备受用户喜爱的文化消费现象。

MCN是IP孵化的重要场所。目前，MCN模式在短视频行业已经较为成熟，通过整合小环节、小内容搭建庞大的内容生态体系，为短视频行业提供孵化、生产、整合、运营、变现的平台，以促进行业良性、健康发展。文化IP在成功打造用户喜爱的人设后，要在现实中不断践行自己所传达的价值观念和生活态度。IP衍生价值带来内容共创和价值共享。

（二）节目授权类

短视频的节目授权类变现模式涉及多个方面，包括但不限于内容授权、广告分成、版权交易等。

（1）内容授权。短视频创作者或平台可以通过授权内容给其他平台或媒体来获得收益。这种授权可以是独家的或者是非独家的，授权费用根据内容的受欢迎程度、影响力和授权范围决定。

（2）广告分成。短视频平台通常会提供广告分成模式，创作者可以通过在自己的视频内容中嵌入广告来获得收益。平台会根据视频的观看次数、用户互动等指标与创作者进行收益分成。

（3）版权交易。短视频创作者可以将自己的作品版权出售或授权给其他媒体、平台或内容聚合商，以获得一次性的版权交易收入或持续的版权使用费。

本章小结

认知心理学家特瑞斯曼认为，不同形式的信息内容在激活阈限方面存在较大差异，信息内容的激活阈限越低，则激活相对容易。相较于单纯文字、图片等形式，短视频在环境建构、场景代入、情感共鸣等方面具有天然的优势，基于"选择的或然率"公式中所提出的"最省力原则"，受众往往更倾向于去选择接触、使用短视频。因此，短视频一问世就成为人们日常生活的重要消费平台和内容。

短视频作为新媒体可视化、移动化、碎片化传播最主要的载体，在传播特征、产品逻辑、运营模式等方面，得以迅速丰富和发展。从内容生产及运营逻辑来看，短视频正在不断开拓自身边界，以勾连用户、机构、行业的方式完成自身的传播闭环。优质的短视频要想触达用户、抵达人心，不仅需要赋予有价值的内涵和意义，还需要结合不同平台特性因地制宜地精准运营，这更需要洞悉短视频在生产与运营中相辅相成的关系。从批判的视角，把握短视频的感性传播与理性思辨，整体理解并积极引导互联网信息传播的良性发展。

思考与实训

1.网络短视频有哪些特点？与图文形式相比有哪些优势？

2.简单说说你理解的"以用户为导向"是什么意思？如何有意识地培养用户思维？

3.短视频商业变现的模式有哪些？

实训

案例分析——博主Z爆红的原因分析

某知名博主Z因在网络上分享系列生活常识短视频，教网友如何坐高铁、如何在麦当劳点餐、如何去医院看病等，在一个月内涨粉百万，被网友戏称为"社会生存学顶流"。当网友抱着"这也要教"的心情点进去，却看到评论区传递着无尽的暖意。"因为真的有很多人没有吃过快餐、没有坐过地铁，他们真的很怕露怯。""这个视频真的太及时了，我没有坐过高铁，但是下个月我要一个人回老家了。"在短视频中，博主Z拖着行李箱，走在家乡的高铁站广场上，一边进站，一边非常耐心地向网友讲解着如何取票、如何进站、如何安检及如何查看车次信息等流程。博主Z原本以为这条视频不会有多少人看，却意外地获得了大量关注。在评论区中，很多网友表达了对他的支持与感谢，也分享了自己的生活经历。

在博主Z短视频爆火前，网上就曾有人提出建议，为大学生开设关于"如何租房""如何交保险""如何使用医保"等生活常识课程。随着系列生活常识短视频的不断更新，博主Z又陆续分享了《如何办银行卡存款》《如何办护照》《如何坐公交车》等生活科普类短视频。

问题讨论

1.请结合上述材料谈谈博主Z爆火的原因。

2.请结合具体案例谈谈生活科普类视频号的特征。

3.请尝试拍摄并制作一部类似的生活科普短视频。

第五章

电商直播内容生产与运营

近年来，随着移动互联网技术和智能手机的普及，上网成本不断降低，互联网用户不断增多，其中网络购物逐渐成为很多用户上网的原因之一，电商直播经济模式随之兴起。电商数据平台显示，在2023年1—5月，D品牌共直播带货142场，场均销售额1000万~2500万元。该品牌聚焦农业农村具有历史文化性的产品，并充分运用语言、文字、音乐等方式，展现知识场景化直播间的魅力，获得用户和市场的一致认可，其独特的文化输出和知识传播方式吸引了大量忠实粉丝。

例如，在直播中，主播们从火锅底料讲到春秋时期古人的饮食，提供给观众知识性与娱乐性相结合的体验。从咖啡讲到《史记·陈涉世家》中的"燕雀安知鸿鹄之志"，在卖桃子时都会引用《诗经·周南·桃夭》中的"桃之夭夭，灼灼其华。之子于归，宜其室家"。通过讲述产品背后的历史故事和文化内涵，增强了产品的文化价值和吸引力。同时，主播们还会大方展示各地民歌、方言，将观众带入传统文化意境中，将传统文化艺术形式与商品介绍相结合，提升直播的艺术性和观赏性。通过持续的内容输出和高质量的直播体验，D品牌成功塑造了品牌形象，成为电商直播领域的一个标杆。

电商直播自2015年诞生至今，已然成为互联网新经济业态多元化的缩影和"网红经济"的重要组成部分。电商直播利用移动媒介"带货"，将视听效应发挥到极致，迎合了互联网时代用户的消费习惯，逐步迈向市场化运作的转型道路。本章从电商直播的基本信息出发，探讨电商直播中主播风格定位与内容选择，直播场景与脚本设计，以及直播内容运营的底层架构。

第一节　电商直播的信息传播特点

电商直播的核心目标是通过实时互动的方式向用户推介商品，以实现销售转化。在这个过程中，主播需要充分利用自己的专长和风格，在限定的直播时间内，有效地传达商品的关键信息。这包括商品的基本功能、独特卖点、设计理念、操作方式和使用技巧等，旨在为观众提供全面且深入的商品了解。为了吸引并留住观众，主播需运用各种呈现技巧以增强直播的吸引力和观看体验，进而激发观众的购买欲望，实现商业价值的变现（图5-1）。

一、电商直播的传播模式

（一）商品化信息推送为主

传统零售和电视购物是一种消费者与卖家、消费者与电视媒介之间的交互模式，以"货对人"为显著特征。而在电商直播中，主播扮演的是售货员角色，不仅承担商品信息的全方位输出，还是直播风格和氛围的营造者。与单一的"货对人"模式相比，电商直播打造的是"人对人"的模式特质。

电商直播传播的内容具有目的性，主播向用户输送的内容是经过事先策划好

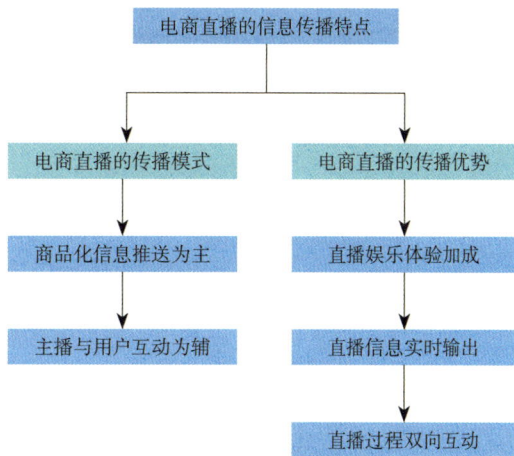

图5-1 电商直播的信息传播特点

的，以推销的商品为传播核心，以提高商品的销售额为传播导向。在进行直播的过程中，主播选择互动用户时，也会有所倾向地对那些提出涉及商品自身问题的用户进行解答，以便借机对商品进行更充分的展示说明。这种即时信息传播和"边看边买"的销售模式极大程度地满足了用户在消费前对商品的认知需求。用户会更加清晰地了解商品的基本性能、个性特色、使用方法、使用技巧等，并在接受商品相关信息的基础上，获得更大的使用与满足感及更良好的购物体验。虽然在电商直播的过程中，主播和观看的用户都能够参与其中，看似共同充当着传播者与受传者的角色，其实还是以主播的商品信息传播为主。

（二）主播与用户互动为辅

电商直播具有很强的互动性，这可以通过主播与用户的实时互动体现出来。在电商主播直播过程中，用户利用手机、平板电脑、电脑及其他智能终端等设备进行在线观看，同时能发表评论与主播和其他用户进行实时的互动交流，以使自己对商品有更多的了解。另外，用户在直播间里观看视频达到一定的时间或者是参与评论互动达到一定数额，即可获得一些额外的优惠券福利，从而进一步加深对电商直播购物的获得感和幸福感。

以某美妆直播为例，当商家有新的彩妆产品上架时，主播会通过直播的形式向用户示范如何使用该彩妆产品，以及用什么样的手法可以使产品效果达到最佳。主播在示范过程中也会主动与用户分享产品的功能成分、萃取工艺、搭配技巧及其他一系列优势。此时就会有用户通过评论窗口向主播提问，如"我今年38岁，这款产品适合我吗？""这款产品适合什么

样的肤质？""干性皮肤用了这款产品是否会存在卡粉的现象呢？""这款产品会有什么样的优惠？"等。在主播直播过程中，更多强调的是用户的"边看边买"，也就是将用户注意力到购买力的转化，以主播与用户的互动促成商品购买。

二、电商直播的传播优势

（一）直播娱乐体验加成

"娱乐性"是电商直播的一种趋势，其促进了电商直播综艺化的发展。综艺化的直播间凭借鲜明的话题赋予直播独特的文化，将具有相同特征的受众聚集在直播间，并在消费这种行为符号化，从而转化为购买意愿的提升。例如，某电视综艺女主持人跨界电商直播，在直播间实施"娱乐式带货"，凭借以往做主持人的专业能力，将个人综艺风格融入直播现场，在保持综艺"快乐"内核的同时完成直播带货的内容。在这样的娱乐综艺化直播间中，能够消解电商的资本属性，以更加温和的方式促使受众参与其中，从而获得更多的情感体验。

（二）直播信息实时输出

技术的进步，尤其是5G网络的普及，为电商直播提供了强大的支持。高速的网络使直播更加流畅，用户可以在移动场景下实时观看直播，获得更加真实和现场的购物体验。在直播出现之前，用户网购时所接收的商品信息都是经过人为精心编排、剪辑和修改美化后上传到网络上的信息。而电商直播的出现，使商品信息的传播不再局限于文字、图片、视频等静态信息的单向传播。通过电商直播平台实现了视频、音频，甚至是多媒体文件信息的实时远程传播，拉近了主播与用户之间的距离，让用户感受到更多的真实感和现场感。此外，借助电商直播平台，主播能够实时与用户分享自己的生活日常，将自身所处的环境、场合、氛围等附加信息一并传递给用户。与此同时，用户也可以通过评论的方式对主播发布的相关信息进行实时的交流互动。直播信息的实时输出，不仅给了主播更多临场发挥的机会，也为用户营造出一种开放性场景化的对话方式。

（三）直播过程双向互动

与传统的商品展示相比，电商直播具有很强的双向互动性。在直播的过程中，弹幕评论是一个非常重要的交流工具，它架起了用户与主播沟通的桥梁。通常一条弹幕仅由几个字符组成，恰好与不间断的直播过程相适应。用户在发送弹幕评论时，除了与主播进行互动，也可以与其他用户进行实时互动，从而营造出一种聚众观看直播的虚拟体验，满足了用户的陪伴需求和社交需求。主播除了可以"一对一"地与用户进行互动交流，还可以通过派发红包、推出投票、引导用户评论刷屏等形式，与观看直播的用户形成"一对多"的互动。用户甚至还可以与主播进行语音、视频对话互动，形成多视频直播，营造出独具临场感的消费场景，提供一种真实且直接的体验。这种更加真实化、人性化的方式吸引越来越多的用户加入。

第二节　主播风格定位与内容选择

电商直播的风格是直播间引流的最直接的方式，想要吸引观众长时间驻足观看，首先要明确自己的风格。目前，电商直播间风格大致可分为平播导购型、专场秒杀型、PK带货型、反向带货型、明星种草型、内容输送型等（图5-2）。

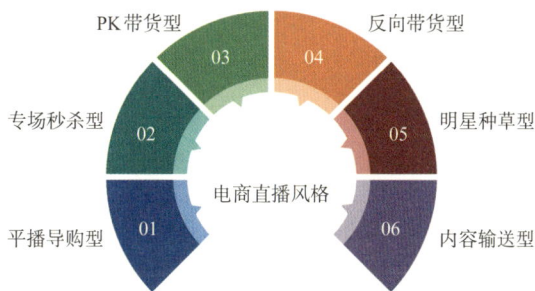

图5-2　电商直播风格

（一）平播导购型

平播又可以分为循环型和过款型。这种风格一般比较直叙，适合新入门的个人IP和品牌店铺，通过详细介绍商品的特点、优势、价格和使用方法，促进消费者购买。平播导购型是一种传统的直播风格，主播就像在实体店中的导购员一样。这种风格注重商品信息的传递和消费者教育，适合那些需要详细了解商品信息才能做出购买决定的用户。

（二）专场秒杀型

专场秒杀型直播以限时特卖和抢购为主要吸引用户的手段，用于品牌做优惠专场，这种直播一般将抽奖送福利作为开场，主播会在直播中提供大量限时优惠和秒杀活动，刺激消费者的购买欲望。是当下直播带货最受欢迎的一种，能让粉丝在紧张激烈的氛围中享受到福利优惠。这种风格适合促销期间使用，能够在短时间内吸引大量用户参与并促进销量。

（三）PK带货型

PK带货型直播通常涉及两位或多位主播之间的竞赛或挑战，他们可能会比拼销售技巧、商品知识或直接进行销售量的比赛。PK带货型同时能够影响双方的粉丝，提升直播间的趣味性和互动性。例如，某平台"双十一"活动中，素人专卖店店主与网红们PK带货，在公域流量导入与高价值私域流量助推下获得亿级曝光，直播带货销售额更是高达一千多万元。活动不仅诞生了首位直播销量过百万的专卖店店主，还成为电商平台线上线下融合的最新范本。

（四）反向带货型

反向带货型是指走正常营销道路的相反方向，以互动互怼方式进行销售。主播不按套路出牌，不会直接给观众灌输产品的利益点，而是带给观众不一样的体验，剑走偏锋但又能及时洞察消费者心理。使用反向带货型策略时，一般以较夸张的方式吸引观众眼球。例如，某主播在直播间大胆"暴力"测试品牌方的商品，因为"翻车"频率太高，反倒起了反向带货的作用，验证了直播间商品的真实性。

（五）明星种草型

相比单一推荐商品的素人主播，明星直播带货的人设更加鲜明、综艺感更强。明星直播内容不局限于带货，而是更倾向于娱乐和综艺化，可看性和互动性也更强，"出圈"的概率极高。对于品牌方来说，明星直播带货商品不仅能够促进销量提升，还能通过明星自身影响力提升品牌形象，其品牌的曝光度也会有所提升。

（六）内容输送型

内容输送型实际上是一种知识型带货，也就是将知识融入直播带货中，为观众提供一场边学边买的体验。知识型带货可以分为两类：一类是直接售卖自己的知识产品，如课程，专栏等；另一类是知识主播带货综合商品，主播不仅需要了解货品，还要做内容输出和品牌调性展示。相对于叫卖式带货，内容输送型直播可以满足观众物质需求和文化需求。

第三节　电商直播场景与脚本设计

"场景"原指戏剧、影视、文学作品里的场面或情景，是"一个特定的地方，在大多数情况下包括特定的人、特定的时间和特定的活动"。随着商业社会的发展，出现了"服务场景"的概念，即"依靠人而建立起来的一种有形的环境"。电商直播通过视觉景象构建了比现实更逼真的虚拟购物与社交场景，并将影像升格为"真实的存在"，以一种光明正大的方式使受众陷入一场消费的狂欢。

一、多样直播场景

当下电商直播竞争激烈，在"人"与"货"体系相对成熟的情况下，"场景"不失为新的创意点。直播间场景与品牌、产品的有效结合能为品牌直播间创造新鲜感，新奇的场景不仅能提升直播间点击率和留存率，还能为主播争取更多时间用来揽客，促成下单。

（一）户外实景

户外实景指的是拍摄过程是在室外进行的，可以在拍摄过程中充分利用自然光进行照明，利用人工光进行辅助，而且有时可以完全不借助人工光。适合户外直播的行业有户外旅游、生鲜水产、野外科普等，这一类直播间的共同点都是在户外进行，不可控因素较多；优势是能够让用户更接近原产地，提升信任感（图5-3）。

图5-3 户外实景直播场景

（二）内场实景

实景是指作为背景的实地景物，区别于布景。内场实景是一个相对独立、安静的空间，如演播厅、办公室、家里或者店铺的隔间等地。目前服装类、美妆类、教育类、科普类较多采用（图5-4）。因内场实景的布景和灯光等设备的易操控性，其是比较常见的直播场景。

（三）内场虚拟场景

所谓虚拟场景，实际上是虚拟一个人文环境。内场虚拟场景指的是结合"5G+AR+技术"的模式，在室内为观众打造沉浸式的虚拟场景，做到虚实结合。这类直播间对技术要求较高，成本较高，通常以视觉效果来吸引观众停留（图5-5）。

图5-4　内场实景直播场景

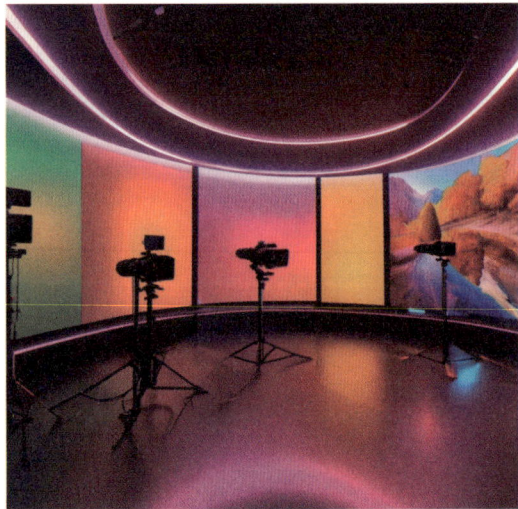

图5-5　内场虚拟场景直播场景

二、直播场景作用

（一）场景建构情感动员机制

在电商直播营造的场景策略中，情感动员机制是实现用户购买行为转化的核心动力。社会化媒体时代是一个"关系"时代，而"人"正是关系的核心。在一次次的场景链接中，正是"人"的媒介符号在起作用，特别是一种信任的符号品质。在展演式场景中，主播策划安排各种场景并及时调整自己的"人设"，与用户互动、与其他主播连麦，不断强化自己的虚拟身份，对"货"进行专业解读，以"货"营造品味生活，使粉丝迅速产生认同感和信任感，从而提高带货量。此外，很多主播在直播的时候还抛出"关注我，大家就是朋友""我会为大家带来史上最划算的商品""关注主播，即刻参与秒杀"等话语输出，其实是为了拉近与用户的距离，加强其认同感，使其认为主播具有同理心，是真心为用户着想。

（二）场景塑造新的时空关系

在新媒体产品设计中，场景主要应用于特定场景下适配信息和服务。多维时空关系的塑造，使直播用户能获得立体的多个维度的良好体验。首先，直播带货中虚拟空间和现实空间的缝隙不断弥合，线下时空关系与线上时空关系的穿梭联动提高了用户的购物体验。其次，直播场景重新塑造了多维时空关系，使用户在并置的时空关系中永远"在场"，二维空间的消费在直播场景的推动下变得立体化，这种虚拟"在场"的体验也使电商直播维持了流量和热度。

（三）场景传播推动虚拟社群的连接

虚拟社群是直播场景的延伸。在直播结束后，热度可以通过场景转移至虚拟社群获得延续。由于线上虚拟社群之间的进出门槛相对较低，用户能够实现在不同社群之间的自由流动，使场景切换频率不断提高。虚拟社群的互动与连接加深了用户与主播、用户与用户之间的联系，促进了流量与购买行为的转化。例如，抖音平台开通了创建群聊的功能，主播可以随时通过直播平台进行社交关系的拓展与维系。其中"商品橱窗"功能的开发，还将直播场景中的即时性延续到了直播结束后，使社群中的用户在互动间可以得到关于商品的最新消息。

三、直播脚本设计

（一）直播脚本的四个核心要素

1.明确直播主题

明确直播主题的目的，是让观众清晰知晓"自己在这场直播里面能看到什么、获得什么"，如回馈粉丝、新品上市，或者大型促销活动。要做到提前勾起观众观看该场直播的兴趣。

2.把控直播节奏、梳理直播流程

一份合格的直播脚本需要细致落实到分钟。例如，8点开播，8点到8点10分就要进行直播间的预热，和观众打招呼。另外，还包括产品的介绍，一个产品介绍多久，尽可能把时间规划好，并按照计划执行。如每个整点截图有福利，点赞到10万、20万提醒粉丝截图抢红包。所有直播里面的内容，需要在直播脚本中全部细化出来。

3.调度分工

调度分工是对主播、助播、运营人员的动作、行为、话术做出指导。例如，主播负责引导观众、介绍产品、解释活动规则；助理负责现场互动、回复问题、发送优惠信息等；后台客服负责修改产品价格、与粉丝沟通、转化订单等。

4.控制直播预算

为了避免商家预算超额，需要对单场直播进行成本控制。要提前在脚本中设计好能承受的优惠券面额或者秒杀活动、赠品支出等，从而控制直播预算。

（二）直播脚本分类

对于直播电商来说，直播脚本一般可以分为单品直播脚本和整场直播脚本。

1.单品直播脚本

单品直播脚本，顾名思义就是针对单个商品的脚本，以单个商品为单位，规范商品的解说，突出商品卖点。单品直播脚本内容一般包括产品品牌介绍、产品卖点介绍、利益点强调、促销活动、催单话术等。

以服装为例，讲清楚卖点很重要。单品直播脚本要在表格里详细描述衣服的尺码、面料、颜色、板型、搭配要点等细节特点。值得注意的是，要凸显价格优势，及时回答观众的问题。

2.整场直播脚本

整场直播脚本以整场直播为单位，规范正常直播节奏流程和内容。一般包含时间、地点、商品数量、直播主题、主播、预告文案、场控、直播流程（时间段）等要素，重点是直播流程。直播流程包括详细的时间节点，以及在该时间节点主播要做的事和要说的话（图5-6）。

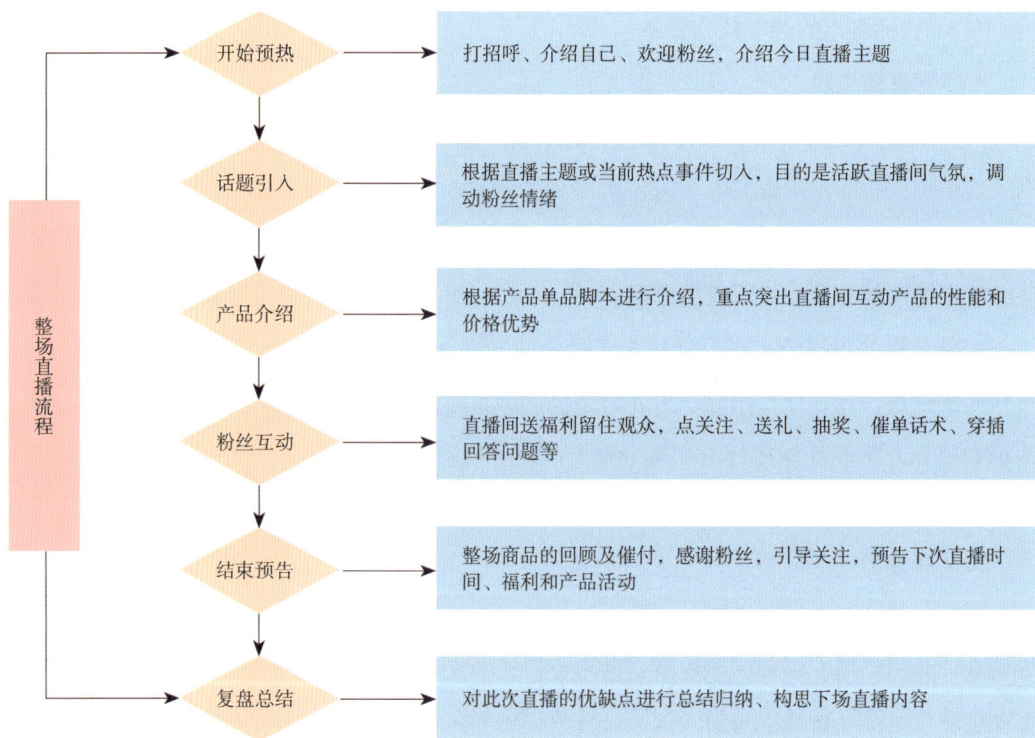

图5-6　整场直播流程

第四节　直播内容运营的底层架构

数字媒体时代，内容运营不仅存在于短视频、公众号、图文推送中，还存在于直播带货领域，可以说一个好的内容运营决定着电商直播的效益。

一、内容运营的作用

（一）提供优质内容给用户消费

1.核心目标

内容运营的核心目标是满足用户对高质量内容的需求，通过创造、策划和重组内容，提供给用户有价值的信息和娱乐资源。

2.提升活跃度

通过持续提供吸引人的内容，内容运营能够有效提高用户的参与度和产品的活跃度，使用户更加频繁地访问和使用产品。

3.增强品牌认知

优质的内容不仅能够吸引用户，还能加强用户对品牌的认知和理解，提升品牌形象和品牌忠诚度。

（二）链接与产品价值观一致的用户，传递产品调性

1.专属印象

内容运营通过传递与产品价值观一致的信息，帮助用户形成对产品的专属印象，类似于个人性格的展现。

2.产品定位

内容运营通过精心设计的内容传递产品的定位信息，使用户能够清晰地理解产品的核心价值和市场定位。

3.调性传递

产品调性如同人的性格，内容运营通过内容的风格、语调、视觉元素等传递产品的独特调性和品牌个性。

4.内外兼修

就像通过外表和内涵来评价一个人，内容运营也需要在视觉呈现和深层价值上做文章，确保用户在感官和情感上都能与产品产生共鸣。

二、内容运营工作

直播的内容运营要负责各平台直播间的直播和运营，其工作主要包含数据运营、内容运营、主播运营三大类。

（一）数据运营

1.数据监测与分析

数据运营的核心在于对直播数据的持续监测和深入分析，以便洞察用户行为和偏好。

2.平台规则理解

运营者需要熟悉直播平台的规则，利用平台活动和热点话题来提升直播的曝光和参与度。

3.内容设计

围绕核心数据设计直播内容，确保内容与用户需求和平台算法相匹配。

4.活动优化

优化平台上的活动，通过策略性的活动运营来激活和引流粉丝。

5.增长与转化

拉动直播间人数增长，实现粉丝的快速转化，提升整体购买能力。

（二）内容运营

1.直播流畅性

确保直播过程的流畅性，避免技术问题影响用户体验。

2.平台内容生态

充分了解平台的内容生态，制定与平台运营机制相匹配的直播策略。

3.运营策略

配合主播宣传直播间，管理产品上下架，制定直播相关的运营策略。

4.直播管理

负责主播的直播管理、监督和抽查，确保直播内容的质量和合规性。

5.氛围控制

协助主播把握直播间氛围，控制直播过程，活跃直播间气氛。

（三）主播运营

1.主播挖掘与培养

在线上线下渠道完成主播的挖掘和培养，提升主播的专业能力和吸引力。

2.粉丝维护

协助主播维护粉丝关系，提高粉丝的忠诚度和活跃度。

3.运维工作

负责主播直播间的运维工作，确保直播顺利进行。

4.定期培训

对主播进行定期培训，提升主播的直播技巧和内容创造能力。

5.内容规范

动态规范直播内容，实现管理标准化，确保直播内容的质量和合规性。

6.激励与关怀

多鼓励和激励主播，关注主播的身心状态，帮助主播保持良好的直播状态。

三、内容运营的步骤

内容运营是确保直播带货成功的关键环节，涉及直播前的策划、直播中的执行和直播后的效果评估。以下是进行直播内容运营的步骤。

（一）确定直播目的

目标明确：在直播开始前，明确直播的主要目标，如销售转化、增加粉丝、品牌曝光或提高品牌知名度。

（二）内容定位与差异化

卖点挖掘：找到产品或服务最突出的卖点，并围绕这些卖点进行差异化宣传。

产品定位：根据产品的目标受众、竞品分析和品牌特色制定直播脚本和内容策略。

（三）产品优势提炼与排序

受众需求：分析目标受众的具体需求，提炼符合这些需求的产品优势。

竞品对比：通过与竞品的对比，明确自身产品的独特性和竞争优势。

品牌卖点：强化品牌的核心卖点，建立用户对产品的期待。

（四）直播间带货话术组织

话术设计：制定吸引人的带货话术，包括产品介绍、促销信息、互动话术等。

内容流通：通过有效的内容流通策略，加强信息的传播力度。

（五）内容传播策略

人工维护：对于用户基数较小或专业度高的产品，通过人工维护来增加用户参与和互动。

算法推荐：对于用户体量大、需求多样化的产品，利用算法推荐来提高内容的个性化和触达率。

（六）数据监控与分析

基础数据关注：实时监控转发数、互动数、访问时长、点击率等基础数据。

效果评估：通过数据分析评估直播效果，找出优势和不足，为后续优化提供依据。

四、内容运营模式

直播带货的内容运营模式关乎直播间的整体定位和风格，在内容同质化的今天，选择更加适合自己商品同时又能吸引用户的模式是前期策划时不得不考虑的重要一环（图5-7）。

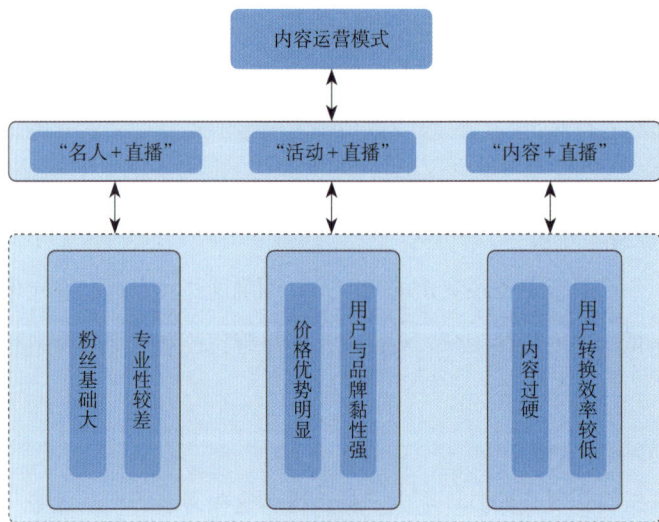

图5-7 直播带货内容运营模式

（一）"名人＋直播" 运营模式

"名人＋直播" 运营模式是一种结合了名人效应和直播互动性的新型营销方式。在移动互联网时代，"名人" 指的不仅是明星，还包括活跃于各大社交平台上的网络红人和KOL（关键意见领袖）。消费者因为喜欢某位明星而喜欢上与其有关联的商品，这种现象在直播带货中得到了放大。商家在直播平台推广和销售产品时，会通过邀请名人的方式提高直播间人气，活跃直播间氛围，并在镜头前介绍相关产品，吸引更多消费者的停留，这种方式可以迅速增强品牌与消费者之间的联系，从而影响消费者对商品和服务的选择，提升品牌的影响力和销售效果。

（二）"活动 + 直播"运营模式

"活动 + 直播"运营模式即通过更具吸引力的现场营销活动吸引受众，拉近与受众的距离，增强受众的黏性，最终凭借过硬的质量、超高的性价比以及优质的服务赢得受众的信任，提高受众对产品、品牌、商家的忠诚度，从而获得良好的营销效果。"活动 + 直播"运营模式的最大魅力在于通过有效的互动将人气"链接"到品牌中，企业通过实时互动问答，为用户进行全方位的产品卖点解读，使品牌得到大量曝光。直播时互动形式多样，如弹幕互动、产品解答、打赏"粉丝"、分享企业的独家情报等，可让"粉丝"感到企业对他们的重视，从而提升"粉丝"对企业的忠诚度，同时通过限时活动营造紧迫感，促进销售转化。

（三）"内容 + 直播"运营模式

电商品牌要想保增长，流量的沉淀是绝对不容忽视的。通过"认知—兴趣—购买—忠诚"的营销链路沉淀下来的用户，才是真正属于自己的"流量"。在流量思维外，通过调性同步、受众与目标消费者高度重合的"内容 + 直播"开展品牌营销已成为品牌新的增长点。如今，很多主播创建了专属电商门户，通过专属账号或者在平台上通过直播的方式推广、宣传及营销产品，他们重视与受众之间的交流与互动，还会在专属账号或者平台上发表个人观点、开展业务活动。

本章小结

从 2009 年"双十一"电商购物节的创立，到 2016 年直播购物的兴起，"直播 + 电商"的购物模式改变了人们的消费行为和观念，也重塑着实体经济的产业生态。随着我国网络基础设施不断完善，直播电商渗透率已从 2019 年的仅 4.9% 飙升至 2023 年的 37.8%，直播电商的用户数量接近 6 亿人，多数消费者已逐渐接受直播电商购物这一新型消费模式。

本章主要探讨了电商直播的信息传播特点、主播风格定位与内容选择、电商直播场景与脚本设计及直播内容运营的底层架构四个方面。直播电商的发展和创新是一个动态和持续演变的过程，在供需双方及技术、政策的推动下，行业将继续蓬勃前进。未来，来自平台、商家、主播、消费者等各方参与者的增量机会将进一步得到挖掘和释放。

思考与实训

1. 新时代电商直播内容应该如何创新?
2. 真人主播是否会被虚拟数字人主播替代?
3. 如何理解电商直播的本质?
4. 电商直播的发展趋势如何?

实训

蒙牛虚拟代言人"奶思"

作为虚拟人大潮中的一员,"奶思"体现了虚拟人在商业化落地中的加速发展。"奶思"的直播首秀吸引了近300万人观看,互动量显著提升,点赞数和评论数分别提升了800%和88%。基于蒙牛"奶思"的直播需求,快手技术团队将相关的能力迅速整合起来,提供了两套驱动方案:一种是"中之人"驱动型,既支持普通的摄像头驱动,也兼容专业的动作捕捉设备,还支持语音、文本驱动。另一种是AI驱动型。虚拟演播助手集成了3D虚拟人和虚拟场景的一站式能力,内置了数量众多的快手独家特效,并支持多平台推流直播。这位来自草原的虚拟人迅速走红,在数字世界里,虚拟人正在成为品牌营销的重要工具,能够承担与真人相差无几的职责,同时避免了真人明星可能遇到的"人设崩塌"风险。

问题讨论

1. 在哪些场景下,虚拟数字人可能比真人更有效?
2. 用户对虚拟数字人的接受度如何? 这可能受到哪些因素的影响?

第六章

网络社群内容生产与运营

在杭州市，某Q果园为吸引粉丝、提高销售量，建立了一个水果社群。建立之初，Q果园的微信社群规则非常清晰明确，强调了如何服务客户，如何处理购买、物流、售后等问题。他们建立了多个微信群，并通过送菠萝的方式吸引用户加入，用户还可以通过邀请新人获取额外的菠萝奖励。此外，Q果园每天都会在社群内分享粉丝关心的热点话题，如食材评价、育儿经验、减肥健身经验、美食、旅游、宠物和小区物业等，群主会给予活跃度高的成员相应的积分、礼品或优惠券作为奖励，社群内总是热闹非凡。同时，Q果园还举办每周一次的烧烤或采摘活动，许多最初只是为了领菠萝并不关注社群消息的成员，也开始携带亲友参与到每周一次的社群活动中。Q果园始终坚持致力于提供高品质、低价格的产品和服务，通过运营团队的精心策划和社群运营，一个月的销售额从60万元直线上升到100万元。直至今日，Q果园已发展为具有全国多家水果专营连锁店的知名企业。

社群既可以表示一种地理上的社区，也可以表示一种社会关系，通常指的是以某种特殊关系联结起来的集体，是社会中重要的一部分。随着互联网的发展，社群由线下转移到了线上，社群成员可以随时随地在线交流、参与活动，而有着相同兴趣爱好的人也借助互联网的优势，更加便捷地联系在一起。本章首先从垂直兴趣社群出发，分析垂直兴趣社群的优势、搭建与运营，进而探讨网络社群的内容生产类型、社群关键意见领袖（KOL）矩阵和多渠道引流。

第一节 分享经济下的垂直兴趣社群

分享经济，又叫作协同消费，具体方式是依托网络等第三方平台，将闲置资源使用权（资产或技能）暂时性转移，实现生产要素的社会化，提高存量资产的使用率，争取创造更大的价值，促进经济的可持续发展。

一、分享经济的到来

4G时代的移动互联网使分享经济获得了迅速的发展，5G时代又进一步推进了分享经济的全面爆发与演进创新。尽管分享经济以一种历史从未有的速度在迅速汇集和挖掘着资源潜力，但不是任何情况下都是奏效的，它需要特定的运行要素。

（1）社会基础——信任机制的建立。基于信任前提的共享活跃度是将现实经济激活的点火器。分享经济有赖于信任机制，但也反过来重塑社会信任。

（2）供需桥梁——网络分享平台。一个分享经济企业能否行得通，归根结底在于有没有符合资源分享的平台，以及平台的分享机制设置是否合理。

（3）传播基础——多样化与社交化体验。分享经济模式在让人耳目一新的同时，也带来了更加舒适的人际关系和交易体验。

（4）流通前提——低交易成本。技术发展使交易成本不断下降，同时基于使用权的分享经济模式，使要素更加流动、经济更加高效。

（5）需求动力——城市化与人口流动。城市化、全球化和人口的大量集中与流动，创造了大量闲置供应和涨落明显的潮汐需求，为共享资源和服务提供了更多机会。

（6）效率保障——数据智能。分享经济需要大规模调度、用户数据处理。同时这些分享经济平台得到的数据也推动了分享经济的智能化发展，提升了分享的效率。

（7）产权特征——使用权与产权分离。分享经济使人们能绕开所有权，务实地只重视"使用权"，从而达到共享时间、空间、知识、产品和服务等众多资源的目的。

（8）交易基础——移动支付。移动支付随着移动互联网的应用而普及，支付的全面应用成为保证共享经济平台便利性、中介性的最重要条件。

分享经济不仅连接供给和需求，还注重其背后人与人之间的沟通交流，是一种更好的社会交往方式，与传统的标准化商品与服务相比，分享经济多了一份人情味，让参与者切身感受到人与人之间距离的缩短和社会信任的上升。因此，"分享经济＋社群"也成了新时代下的黑马定律。

二、垂直兴趣社群的优势及搭建

垂直兴趣社群是指集中在某些特定领域或为满足某种特定需求，提供有关这个领域或需求的全部深度信息和相关服务的社群。垂直兴趣社群对应一个稳定的细分目标市场，社群成员有着共同的兴趣爱好与消费习惯，对社群运营者代表的品牌有较高的认同度。

（一）垂直兴趣社群的优势
1.精准吸引目标用户

垂直兴趣社群是一种可以精准吸引目标用户的社交模式。相比于大众化的社交平台，垂直兴趣社群聚焦于特定领域或主题，汇聚了对该领域有着较高兴趣的用户群体。这些用户通常对该领域的信息、产品或服务具有强烈的需求和兴趣，因此对相关的社群内容青睐有加，对社群的活动有更高的关注度。例如，某知名旅游博主通过直播进行导游式景点解说，向粉丝展示名胜古迹、分享历史知识，形成以旅行为主题的垂直社群，2022年涨粉量超过1094万人次，整体粉丝数达1720.1万（图6-1）。

1.3亿 获赞　　**298** 关注　　**1720.1万** 粉丝

用旅行传递文化，用文化传递正能量！
从一个普通的旅游从业者一直坚守到现在不忘初心助力文旅，橱窗好物品质保证，自己去挑选吧！
找我合作上星图

♂男　IP：北京　福建省·厦门市

📷 **进入橱窗**
62件好物

📺 **直播动态**
查看最新回放

👥 **粉丝群**
3个群聊

图6-1　某知名旅游博主粉丝数据

2.明确内容生产方向

由于垂直兴趣社群聚焦于特定领域的用户群体，社群运营者可以更加准确地了解用户的需求和兴趣点，并且针对性地进行内容生产，满足用户的需求和期望，这样不仅可以提高社群的活跃度，还可以为社群运营者明确内容生产方向，减少内容的浪费与无效生产。例如，当社群运营者确定建立一个健身社群时，那么社群未来的生产方向应是与健身知识、训练技巧、健身装备等相关的内容。

3.提高用户参与度与忠诚度

垂直兴趣社群可以让用户在纷繁复杂的社交网络中找到属于自己的"同好圈"，网络空间的"同好圈"打破了传统的基于地域和血缘而建立的人际关系，不受现实社交关系的限制，交流显得更加纯粹、简单，社群成员之间拥有共同的兴趣爱好和价值追求，有利于提高用户的参与热情，形成具有共同归属感的新联合体。由于垂直兴趣社群内部的用户拥有相同的兴趣爱好和价值观，容易通过口碑方式将社群介绍给身边拥有相同兴趣的人，从而扩大社群的规模和影响力。例如，国内某汽车品牌为用户打造专属社群，其用户注册量已达到200万、日活跃量超过23万，其中用户生产的内容超过1200万篇（图6-2）。

图6-2　某汽车品牌社群

（二）垂直兴趣社群的定位

1.目标用户定位

垂直兴趣社群的核心在于精准地吸引目标用户，因此进行目标用户定位至关重要。社群运营者在社群建立初期容易犯的一个错误是将所有成年人都视为目标人群，没有特别关注某个群体。如果没有精准的目标人群定位，社群的价值体系设计，社群成员的引流、留存和价值转化都会缺乏明确的中心思想。在社群的策划阶段，社群运营者需要明确社群的目标人群，并尽可能地将他们标签化。目标人群的定位是为了界定社群边界，以禁止不符合群体特征的人群加入社群。因此，目标人群需要根据社群运营者的建群目的进行界定（图6-3）。

（1）销售产品。对某款产品或者某类产品有潜在需求的人群，如某超市周边的住户、想要购买手机的人群。

（2）完善用户服务。购买过某种产品或服务的消费者，如购买过某品牌手机的用户群。

（3）拓展商业人脉。需要拓展商业人脉的人群，如各个行业的企业家、创业者等。

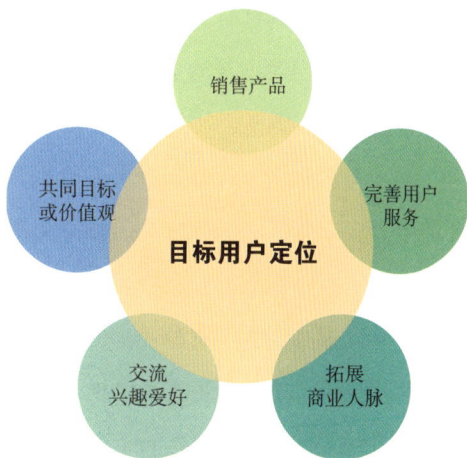

图6-3 目标用户定位

（4）交流兴趣爱好。拥有某个兴趣爱好的人群，如对健身锻炼感兴趣的人群、对化妆感兴趣的人群。

（5）共同目标或价值观。对某件事情有共同的认知或都希望达成某一目标的人群，如想要坚持减肥的人群。

2.社群价值定位

社群运营者可以采用逆向思维构建价值体系，即先考虑目标人群的需求，再根据需求构思社群的价值输出，按照该逻辑构建的社群价值体系，能够使社群运营更符合社群成员的需求。

社群运营者需要根据目标人群的具体需求选择社群价值输出的方式。一般而言，社群价值输出的方式主要分为内容输出、话题输出、资源输出、项目输出、成就输出五类。社群运营者可以根据目标人群的需求，有针对地选择价值输出方式（图6-4）。

（1）内容输出。社群支持社群成员分享有价值的内容。在社群成立初期，社群运营者、社群KOL或知名人士会分享一些有用的经验、技巧等"干货"，让社群成员感到在社群中学到了有益的知识。在社群进入稳定阶段后，每个社群成员都可以分享自己运用所学知识的经验，以及获得的提升，等等。需要注意的是，社群成立初期的内容输出主要源于社群运营者、社群KOL或知名人士，而在后期，则主要来自社群成员。

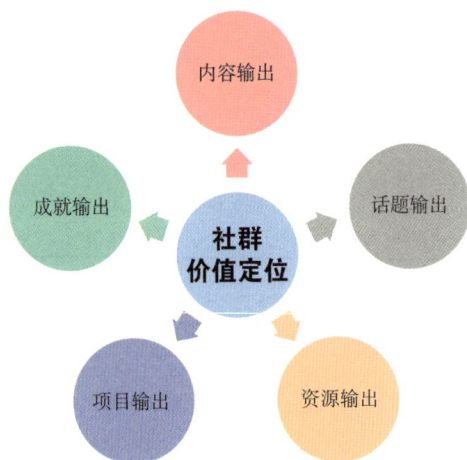

图6-4 社群价值定位

（2）话题输出。社群通过讨论话题实现价值输出。社群运营者可以根据热门话题和社群成员的需求定期进行话题讨论，并整理讨论结果，成为社群的内部资料。这样可以满足社群成员的需求，同时增强参与讨论的力度，进而提升社群的吸引力。

（3）资源输出。社群运营者在社群内进行资源整合，充分借助社群成员所拥有的资源，如人脉资源、学习资源、产品资源、就业创业资源等，实现资源的整合和利用，并促进社群成员之间的关系稳定，增强社群成员对社群的依赖感和归属感。由于资源输出能够满足社群成员的直接利益需求，解决社群成员的利益痛点，被视为有效增强社群吸引力的方式之一。

（4）项目输出。社群运营者带领社群成员参与某个项目的研发或营销推广，从而让所有参与者都能分享项目收益。当社群发展到一定阶段，社群成员之间建立了信任基础，彼此认可对方的特长，此时社群运营者可以集合众人之长，共同参与某个项目的研发或营销推广。项目结束后，所有参与社群成员都能分享项目收益。这种方式能够为社群成员带来明显、可见的收益，提升社群成员对社群的价值认可度。

（5）成就输出。社群运营者通过在社群内和社群关联新媒体平台宣传社群成员因加入社群而取得的个人成就，增强社群成员对社群的集体荣誉感和价值认同感。

（三）垂直兴趣社群的管理

1.拟定社群名称及口号

社群名称是非常重要的社群符号，是社群的第一标签。它能够直接传达社群的定位、特点、文化和氛围。拟定一个好的社群名称能够让社群更容易被人们接受和记住，也能够增加社群的曝光率和吸引力。在拟定社群名称时，需要考虑以下几点。

（1）简洁易记。社群名称应该简单明了，易于记忆。一般来说，不超过4个字的名称比较容易被人们接受和记住。

（2）突出特色。社群名称应该能够突出社群的特色和定位，让人们能够在第一时间了解社群的主要内容和目的。

（3）活泼有趣。社群名称应该有一定的活泼有趣的元素，能够吸引人们的眼球，增加社群的趣味性和互动性。

（4）避免雷同。社群名称要避免和其他社群的名称雷同，否则容易引起混淆和误解。

（5）具备商业价值。如果社群有商业价值，那么社群名称应该能够体现这种商业价值，为社群的商业化发展奠定基础。

此外，拟定社群名称还需要结合社群的实际情况和目标群体，通常可以采用以下三种取名方法：一是围绕品牌名、创始人的名字或核心产品取名，如小米的"米粉群"、华为的"花粉群"。二是根据目标用户群体取名。从目标用户着手，社群想吸引什么样的人群，就取与这个群体相关的名字，如亲子社群"乐亲子"、旅游社群"穷游沙龙"。三是根据社群理念取名，如某激励社群"逐梦团"。

与此同时，拟定社群口号同样很重要，它可以传达社群的核心理念和价值观，口号作为浓缩的精华，是体现社群亚文化的最佳载体之一。口号一般有以下三种类型：一是功能型口号，即阐述社群的各种特点，通过口号传达社群的功能与内容，如某健康社群的口号是"让运动成为你的生活方式"。二是利益型口号，即阐述社群的功能或特点，带给目标人群直接利益，如某旅游社群的口号是"跨越界限，拓展视野"。三是理念型口号，即阐述社群追求该利益背后的态度、情怀、情感等，或者该利益升华后的世界观、价值观、人生观，如某激励型社群的口号是"梦还是要做的，万一实现了呢"。

拟定社群名称和口号对于建立一个成功的网络社群至关重要。一个好的社群名称和口号可以让社群更具吸引力、认可度和凝聚力，建立专属的社群品牌，为后续社群发展奠定良好基础。

2.设置社群门槛

在创建垂直兴趣社群时，设置门槛是一个非常重要的步骤。它可以帮助社群建立高质量的交流环境，过滤掉噪声和垃圾信息，也可以保护社群文化和氛围。所以，我们要为社群设置一个加入的门槛，这样不仅能够保证社群的质量，还会增加社群用户的身份认同感，让社群中的每一个用户都形成身份认同。设置社群门槛常用的方法有邀请制、身份实名制、付费加入制、产品购买制四种。在设置社群门槛时，社群运营者需要考虑以下几个因素。

（1）社群目的和价值。社群的目的和价值对于设置门槛非常重要。如果社群的目的是创造一个高质量的交流环境，那么设置门槛可以筛选出真正感兴趣的人，减少垃圾信息和噪声。如果社群的目的是赚钱，那么付费加入制可能是最好的选择。

（2）社群规模和特定性。社群的规模和特定性也会影响门槛的设置。如果社群规模较小，或只针对某个行业、某个领域的人，可以采用邀请制或身份实名制来保持社群质量。

（3）社群文化和氛围。社群的文化和氛围是构建社群门槛的重要考虑因素。如果社群注重严谨和高质量的交流，那么可以设置一定的门槛来过滤非专业人士。如果社群注重友好和轻松的氛围，那么设置门槛可能不是必要的。

（4）社群管理和维护。社群的管理和维护也是门槛设置的考虑因素之一。如果社群管理团队有足够的时间和精力来处理社群中的问题和纠纷，那么可以放宽门槛，让更多人进入社群。如果社群管理团队人手不足，那么设置门槛可以减少管理和维护的负担。

在实际环境中，社群运营者可以根据社群的目的、规模、特性等对社群的门槛进行灵活调整。

3.制定社群规则

制定社群规则是垂直兴趣社群管理的一项重要任务。社群规则是指社群成员在社群中需要遵守的规范和行为准则，旨在维护社群秩序，确保社群成员的体验和安全，制定社群规则时，需要考虑以下几个方面。

（1）社群宗旨和目标。社群规则应该与社群的宗旨和目标相符。社群的宗旨和目标应该在制定社群规则之前就明确，并在社群规则中得到体现。

（2）行为准则。社群规则应该明确规定社群成员的行为准则。社群成员需要了解在社群中什么样的行为是可以接受的，什么样的行为是不被允许的。

（3）发布内容。社群规则应该明确规定社群成员可以发布哪些内容，以及哪些内容是不被允许发布的。例如，社群会规定禁止发布色情、暴力、政治敏感等内容。

（4）互动行为。社群规则应该明确规定社群成员之间的互动行为。例如，社群可以规定禁止骚扰、辱骂、人身攻击等行为。

（5）惩罚措施。社群规则应该明确规定违反规则的惩罚措施。社群可以采取警告、禁言、踢出社群等措施。

需要注意的是，社群规则应该具有可执行性，而且应该得到所有社群成员的认可。社群管理员需要在规定社群规则前与社群成员进行沟通和协商，听取他们的意见和建议，并根据需要进行调整和修改。通过制定合理的社群规则，可以帮助社群维护良好的秩序和氛围，从而更好地实现社群的目标。

4.成员分级

在社群管理中，成员分级是管理社群成员的一种常见方式，社群运营者可以按照贡献大小对成员进行分级，将其划分为核心用户和普通用户。例如，某社群活跃头衔共分为潜水、冒泡、吐槽、活跃、话唠、传说六个等级，其中潜水为最初活跃等级，成员参与度越高，等级越高，最高活跃等级为传说。通过将成员分级，可以更好地管理和维护社群，同时也能够激发用户的身份认同感和归属感。运营者可以针对某些社群级别设定一定的福利，这样能够为整个社群的发展带来长期收益，促使社群成员共同成长。

三、垂直兴趣社群的运营

垂直兴趣社群的成功离不开专业的运营团队，他们需要具备全面的垂直领域知识、对用户需求的敏感度、丰富的社群运营经验和高效的执行力。

（一）建立社群运营团队

建立高效专业的垂直兴趣社群运营团队是成功运营垂直兴趣社群的关键。在运营团队的支持下，垂直兴趣社群能够更好地满足用户需求，提高用户黏性。刚刚成立社群时，社群的运营还属于初期阶段，团队可以只包含群主和小助手。此时，群主的职责包括社群构建与管理、社群活动策划和担任社群KOL角色，小助手的职责包括收集整理社群内的讨论内容、活跃社群氛围、与成员互动、为成员提供支持并解决问题等。

当社群成功度过初期阶段，如果此时社群运营情况良好，有一定成员基础与凝聚力，社群运营者可以开始考虑调整社群运营组织结构，成立小型的运营团队。此时的运营团队可分为信息采集组、新媒体运营组、设计组。其中，信息采集组负责收集社群内的有价值信息和讨论内容，并进行整理和汇总。新媒体运营组负责社群内容的输出和对外展示，他们可以在社交媒体平台上发布有吸引力和有价值的内容，如文章、视频或图片，以吸引更多的目标受众。设计组负责社群品牌形象的设计和传播。他们可以制作精美的宣传海报、社群标识或其他视觉元素，以提升社群的知名度和专业形象。

在社群发展的过程中，随着社群成员数量的增加、影响力的提升以及与外界合作的增加，社群已经进入了稳定期，拥有一定的规模与影响力。此时运营团队需要进一步进行调整，从而成为更加完善、专业的运营团队。

（二）设置合理的社群KPI

关键绩效指标（Key Performance Indicator，KPI）是衡量流程绩效的一种目标式量化管理指标，是线下组织常用的绩效管理手段。如今，社群运营团队也常将KPI作为考核运营成果的指标。

社群运营目标可以通过KPI进一步细化和实现，但是需要根据社群的需求来确定是否需要设置KPI。在不同的周期阶段，社群的运营重点和目标也会不同，因此管理者需要根据社群的新战略来同步修正KPI。常见的社群运营KPI包括用户新增量、群活动频次、活动参与度、转化率和复购率。

然而，过于追求KPI可能会使运营者忽略运营细节，缺乏创新和尝试。因此，是否设置KPI需要谨慎考虑，以避免降低运营者的工作热情。对于规模较小、不稳定的社群，不宜强行设置KPI。而对于运营团队完善的社群，若不设置KPI，可能会影响目标的实现。例如某读书社群在社群成立第一月KPI为用户新增量每周达200人，第二个月KPI为群任务互动数达600人以上，第五个月KPI为书籍销售量每月1000单以上。

（三）定期复盘

社群运营是一项需要不断调整和优化的工作。为了保证社群的运营质量，社群管理者需要定期对社群运营进行复盘，总结过去的工作经验，分析数据变化趋势，发现存在的问题并制订相应的解决方案。社群运营定期复盘是一项非常重要的工作，可以帮助社群管理者更好地了解社群的现状和未来发展方向，进一步提升社群的运营效率和质量。社群运营定期复盘的步骤如下（图6-5）。

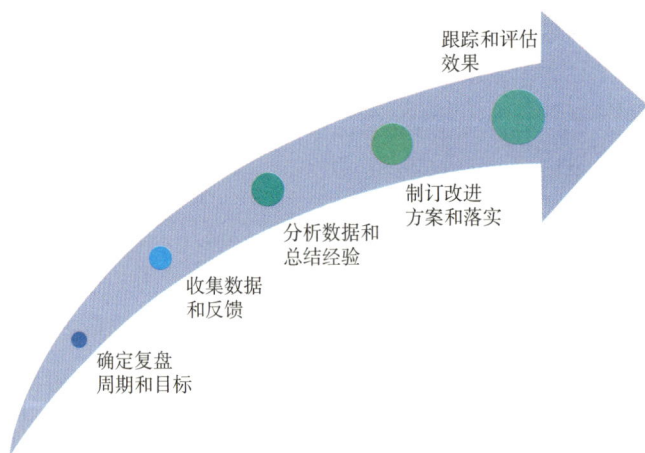

跟踪和评估
效果

制订改进
方案和落实

分析数据和
总结经验

收集数据
和反馈

确定复盘
周期和目标

图6-5　社群运营复盘流程

1.确定复盘周期和目标

社群管理者需要根据社群的规模和发展情况，制定合适的复盘周期和目标。一般情况下，社群运营定期复盘的周期为一个月或一个季度，目标是了解社群的成长状态，发现问题并优化运营策略。

2.收集数据和反馈

社群管理者需要收集社群成员的反馈和社群运营数据，包括社群成员增长情况、用户活跃度、内容阅读量、互动情况等指标，通过数据分析找出问题和改进方向。

3.分析数据和总结经验

社群管理者需要对收集到的数据进行分析和总结，找出数据变化的原因和趋势，发现社群运营中存在的问题和瓶颈，总结过去的工作经验，制订下一步的工作计划和策略。

4.制订改进方案和落实

社群管理者需要制订相应的改进方案和落实计划，针对存在的问题和瓶颈，制订相应的解决方案，并根据实际情况进行调整和改进。同时，需要明确责任人和实施时间，确保落实效果。

5.跟踪和评估效果

社群管理者需要跟踪和评估改进效果，检验改进方案的有效性和实施情况，及时调整和优化运营策略。同时，要不断收集反馈和数据，为下一次复盘提供参考。例如，某知识分享社群经过一年的发展，从1个群发展为6个群，每个群容纳2000人，总人数破万，然而在月度复盘时，该社群发现本月成员活跃度及公众号阅读量均有明显下降，便展开复盘分析，最终发现随着社群人数的增多，社群运营团队的管理也逐渐吃力，于是迅速从各群中选择活跃度高且有意向者加入运营团队，并展开新一轮阅读积分活动。此次复盘有效提高了成员活跃度及公众号阅读量，巩固并优化了社群运营。

第二节　网络社群的内容生产类型

一个优秀的社群需要不断更新和生产有价值的内容，以吸引新用户，留住老用户，增强用户黏性，提升社群的影响力和号召力。在当今信息爆炸的时代，只有具有价值、有意义、有吸引力的内容才能脱颖而出，得到用户的关注和认可。对于社群运营者来说，好的内容不仅需要满足用户需求，更需要符合社群的养成期、发展期和稳定期这三个基本的成长阶段（图6-6）。

一、社群养成期

在社群养成期，内容生产是非常重要的一项工作。社群养成期是社群发展的早期阶段，此时社群还不够成熟，成员数量较少，活跃度不高，需要进行有效的内容推广来吸引更多的目标用户，增加社群的曝光度，提高社群的影响力。通过制订符合社群核心价值观的内容计划，并

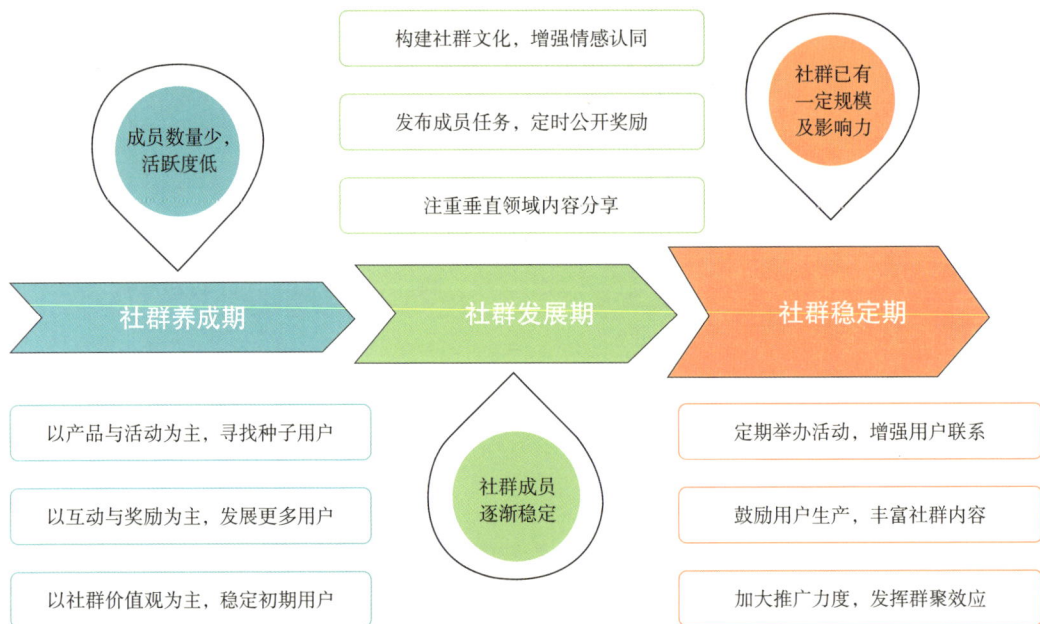

构建社群文化，增强情感认同

发布成员任务，定时公开奖励

注重垂直领域内容分享

成员数量少，活跃度低

社群已有一定规模及影响力

社群养成期　　社群发展期　　社群稳定期

以产品与活动为主，寻找种子用户

以互动与奖励为主，发展更多用户

以社群价值观为主，稳定初期用户

社群成员逐渐稳定

定期举办活动，增强用户联系

鼓励用户生产，丰富社群内容

加大推广力度，发挥群聚效应

图6-6　社群不同成长阶段内容生产类型

按照一定的周期发布，可以逐渐引起目标用户的关注和兴趣，从而提升社群知名度和吸引力。

（一）以产品与活动为主，寻找种子用户

种子用户是产品的第一批用户，他们可以凭借自己的影响力，吸引更多的目标用户。通过社群的方式，自媒体可以有效地定位核心人群，寻找到第一批种子用户。在这个阶段，社群的核心任务是把社群中的种子用户招募进来，让他们成为社群的早期领袖和支持者。

社群养成期的内容应注重产品与活动的宣传，通过提供优质的产品和服务，以及组织有吸引力的活动，来吸引潜在用户并寻找种子用户，例如通过直接邀请、名人效应、合作推广等宣传活动介绍社群的主要产品内容或文化内容。某咖啡品牌通过"首杯立减20元"和"4.8折全场饮品券"进行社群初期的用户挖掘与吸引。

垂直兴趣社群凭借其内容的垂直化与专业化更利于种子用户的挖掘。对该领域和产品感兴趣的用户通常会积极加入该社群，并活跃于其中，一些长期关注该领域的用户甚至能够为产品开发者提供中肯的意见与建议，帮助产品不断提升性能，成为具有主人翁意识的优质种子用户。

（二）以互动与奖励为主，发展更多用户

当社群有了第一批种子用户后，社群运营者应积极与种子用户进行互动交流，维系用户

参与社群的热情与积极度。同时，社群可以组织一些奖励活动，例如明确告知用户如果邀请新用户可获得现金奖励、发布有关社群的内容获得点赞量100以上可获得VIP特权等，以此来激励社群成员邀请新用户、自发生产社群内容并积极宣传社群。例如某咖啡品牌发布"邀请2名好友得38折券"活动。

（三）以社群价值观为主，稳定初期用户

将用户转化为粉丝，再将粉丝转化为铁杆用户的过程中，最有效的措施就是把社群的品牌文化及价值观融入内容的产出中，通过含有价值观的内容输出来吸引粉丝的情感认同，从而引发其对自媒体内容电商的品牌忠诚。基于粉丝对产品和品牌的喜爱与认同，粉丝用户会积极地参与社群活动，自觉地组织粉丝见面会，讨论相关产品的更新换代，并主动为品牌进行口碑宣传。

二、社群发展期

在社群发展期，社群成员逐渐稳定，社群管理员需要考虑如何为社群成员提供更有价值的内容、如何不断激发社群成员的参与热情，以及如何打造有生命力的社群形态。因此，在社群发展期，社群运营者需要注重垂直领域内容的深耕，通过发布成员任务定时公开奖励的方式，促进社群成员的积极参与、合作，增强社群的凝聚力和影响力，并积极构建社群文化，加强成员之间的情感认同，更好地推动社群的发展和壮大。

（一）注重垂直领域内容分享

在这个阶段，社群成员已经对社群产生了较强的认同感，他们更加渴望社群内部的交流和学习。为了保持垂直领域社群的竞争力，需要持续关注该领域的变化和发展趋势。可以通过多种方式实现这一点，例如订阅行业资讯、跟踪前沿科技、参与用户活动等。此外，需要不断创作内容，以吸引和保留原有用户。这些内容可以包括有用的信息、经验分享、教程、案例研究和观点分析等。除了内容本身，社群运营者还需要考虑采用不同的形式来呈现内容。例如图文、视频、直播、线下活动等。这样可以增加内容的多样性，让用户更加愿意参与、互动。

（二）发布成员任务，定时公开奖励

社群管理者可以采用任务激励和游戏化机制来提高团队合作度和社群互动性，增强社群影响力和信任度。首先，需要明确任务目标并设定清晰的任务规则和奖励机制，以便社

群成员可以轻松理解和参与。其次，任务进度应该被定期追踪和公布，以维持成员的兴趣和参与度。一旦任务完成，社群管理者应公布奖励结果和获奖者名单，以增加透明度和信任感。

此外，社群管理者可以引入游戏化的级别晋升机制，以积分为基础，为每个成员配备不同级别和特权，以激励他们更积极地参与社群活动和贡献社群价值，这将有助于提高社群的活跃度和吸引力。拥有高级别的成员往往会在社群中扮演重要的角色，例如某饮品社群设立会员积分管理规则，用户可使用积分进行金额抵扣或抽奖活动，积分越高，所获得的奖励机会则越多。

（三）构建社群文化，增强情感认同

加强用户的管理，不能只是依靠外界规则制度的制定，还需要从情感方面增强用户对社群的价值认同和情感归属。而要达到这样的目的，就需要依靠文化的力量，也就是构建社群文化，通过文化将社群成员凝聚在一起，这样才能真正增强社群成员对社群的凝聚力和认同感。

社群文化的含义很丰富，包含社群成员在社群中所产生的共同意识、价值观、责任感、共同的仪式惯例等。其中，价值观是凝聚社群的核心要素，用户基于对社群价值观的认可而聚集在一起并形成特定的社群。如果用户感受不到社群价值或自我价值的满足，即使初期加入社群，也很难长期留在社群中。共同的仪式和惯例则是构筑社群文化的典型手段，通过举办共同的仪式和惯例，加深社群成员对社群文化的深刻认识和感知，增强对社群的归属感和认同感。网络社群是人们基于共同的兴趣和需求而聚合起来形成的，价值观是社群文化的核心，也是一个社群保持持续发展的内核，拥有鲜明的价值观才能打造出有生命力的社群形态，以塑造独特鲜明的社群文化，增强社群成员的价值认同和对社群的情感归属。

三、社群稳定期

社群稳定期是社群运营的重要阶段，此时社群已经形成了一定规模和影响力，用户之间的联系和交流也逐渐增加。因此，社群运营者需利用好社群此阶段的优势，注重社群成员之间的联系和互动，同时不断丰富社群的内容，把握好时机加大推广力度，为社群长期的稳定与发展做好准备。

（一）定期举办活动，增强用户联系

为了保持社群的稳定性和用户黏性，定期举办各种形式的活动是非常必要的。首先，活动可以增加用户之间的联系和互动。通过举办线上和线下的活动，可以让用户有更多机会相互了解、交流、合作。例如，可以组织线上的讨论会、问答活动、分享会等活动，也可以组织线下的聚会、工作坊、沙龙等活动，这些活动可以使用户之间的关系更加亲密，从而增强社群的凝聚力。

其次，活动可以提高用户对社群的信任和认同感。定期举办优质的活动，可以让用户更深入地了解社群的运营理念、文化氛围，增加对社群的认同感和归属感。此外，通过举办有价值的活动，可以让用户感受到社群为他们带来的实际收益，从而进一步增强用户对社群的信任感。

最后，活动可以促进社群的发展和壮大。通过举办各种形式的活动，可以吸引更多的潜在用户参与进来，增加社群的影响力和扩散度。同时，活动也可以为社群的发展提供一些新的思路和方向，例如用户反馈、需求调研等，这些都是推动社群发展的重要因素。某汽车品牌社群会定期举办各类活动，邀请车主及其家人朋友一同参加，以不同主题、不同类型开展，如亲子、运动、观影等。

因此，社群稳定期的运营者需要密切关注用户的需求和反馈，定期举办各种形式的活动，以促进用户之间的联系和互动，提高用户对社群的信任和认同感，同时为社群的发展和壮大提供支持。

（二）鼓励用户生产，丰富社群内容

用户的参与是社群稳定和成长的关键。在分享经济越发流行的当下，社群管理者应该通过各种方式激励用户分享有价值的内容，从而丰富社群的内容，并提升用户参与度。

首先，社群管理者可以定期举办用户生产内容的活动。例如，举办写作比赛、摄像比赛、视频创作比赛等。这些活动可以帮助用户提高创作能力，也可以为社群提供更多有价值的内容。此外，社群管理者可以设置奖励机制，以激励用户分享更多优质内容。

其次，社群管理者应该为用户提供多样的内容生产方式。例如，可以为用户提供不同的平台和工具，如文字、图片、视频、直播等，让用户可以根据自己的兴趣和技能选择适合自己的方式进行内容生产。此外，社群管理者也应该为用户提供更多的创作灵感和资源支持，如分享行业资讯、技术文章、数据报告、创意灵感等。

最后，社群管理者还可以采取一些措施来促进用户间的互动和合作。例如，可以鼓励用户组织小组讨论、交流分享经验，或者推出共同创作的项目，以激发用户之间的合作和创造

力。例如某汽车品牌设立W值，用户在社区内可以通过每日签到、提交意见、发布图文等方式获取W值，W值越高，话语权越大，以此来激励用户生产内容（图6-7）。

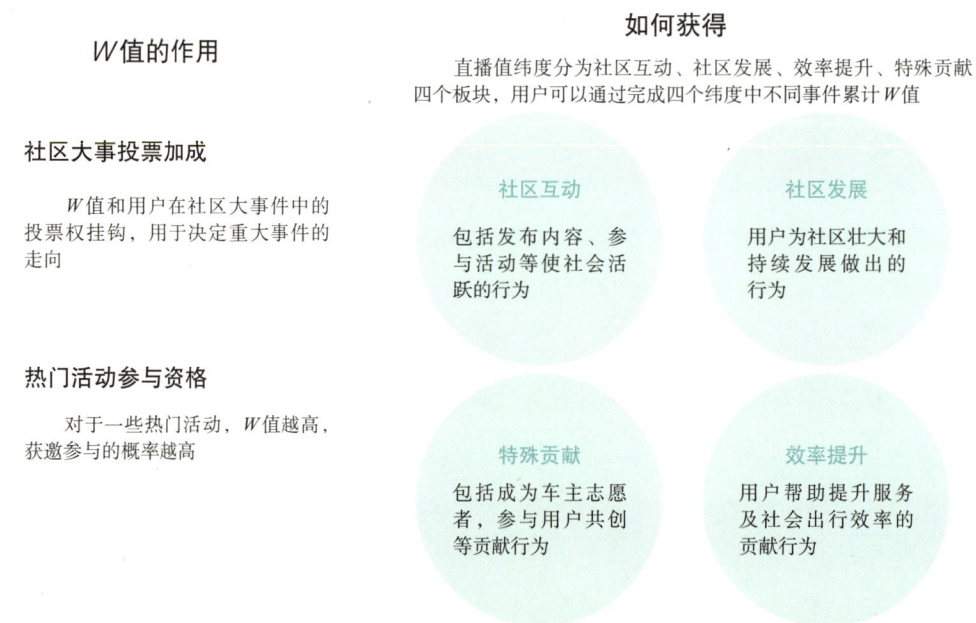

W值的作用

如何获得

直播值纬度分为社区互动、社区发展、效率提升、特殊贡献四个板块，用户可以通过完成四个纬度中不同事件累计W值

社区大事投票加成

　　W值和用户在社区大事件中的投票权挂钩，用于决定重大事件的走向

社区互动

包括发布内容、参与活动等使社会活跃的行为

社区发展

用户为社区壮大和持续发展做出的行为

热门活动参与资格

　　对于一些热门活动，W值越高，获邀参与的概率越高

特殊贡献

包括成为车主志愿者，参与用户共创等贡献行为

效率提升

用户帮助提升服务及社会出行效率的贡献行为

图6-7　某汽车品牌W值规则

（三）加大推广力度，发挥群聚效应

　　群聚效应是一个从核物理学中借用的术语，在社群用语中，它表示确保稳定增长的活跃度所需的活跃用户的最低数量。

　　当社群处于稳定期时，社群已经积累了一定数量的用户和内容，此时应快速触发群聚效应，逐步加大推广力度以建立社群的上升势头。推广可分为向你已接触过的现有受众推广和向社群外部受众进行推广两类。此外，可以考虑邀请行业专家、知名人士等来社群发表观点或举办主题讲座，增加社群的权威性和吸引力，或者选用如媒体报道、付费的社交媒体广告、网红推荐和搜索引擎推荐等方式进行新一轮较大规模的社群推广活动。

第三节 社群KOL矩阵与多渠道引流

一、社群KOL矩阵

（一）KOL定义

KOL即关键意见领袖（key opinion leader），是指在某一特定群体中具有影响力和话语权的人物，包括自媒体人、明星、网红、大V、达人、博主、主播和企业CEO等，以及那些积极参与社群、分享知识、提供帮助、建立信任关系的社群成员。

社群KOL是指在特定垂直领域中具有影响力和话语权的人，他们在社群中扮演着重要的角色。他们以其专业的知识和热情吸引着更多的用户加入社群，并通过分享、互动等方式增加社群黏性，促进社群成员之间的交流和互动。

社群KOL营销已成为品牌推广的重要手段，品牌可以通过KOL在社群中的影响力和粉丝群体，将产品或服务宣传给目标用户，以实现营销目标。在碎片化、圈层化的用户触媒习惯下，KOL充当了品牌最为重要的信任代理，通过高效"种草"深度连接消费者与品牌。同时，KOL也能帮助社群管理者提升社群影响力和知名度，吸引更多的潜在用户加入社群。因此，社群管理者需要积极发掘和培养社群中的KOL，建立长期合作关系，实现双方的共赢。

（二）KOL分类

1.从体量视角分类

（1）头部KOL。头部KOL通常是具有明星级别的影响力，拥有大量的粉丝和高度的认知度。他们可以带来爆发式的关注和讨论，但营销成本也较高。头部KOL适合于预算充足的新品发布类活动、"618"和"双11"类的年度电商大促销等活动。

（2）腰部KOL。腰部KOL通常在某个领域或行业中有深度影响力，拥有细分垂直粉丝、较高的忠诚度和黏性。他们可以实现深度"种草"转化，销售转化效率更为明显。腰部KOL适用于预算有限，需要大量刷屏效果的事件及活动。

（3）尾部KOL。尾部KOL的粉丝基数相对较少，但具有一定的传播力。他们具备高触达、更配合、易种草和高性价比等方面优势。尾部KOL适合与头部KOL、腰部KOL配合进行铺设。

2.从类型上分类

（1）明星类KOL。明星类KOL通常具有大量的粉丝和号召力，互动性强，有忠实的粉丝基础和流量号召力，能保证信息的传播广度。明星类KOL适用于活动话题引爆、新产品上市宣传等活动。

（2）垂直类KOL。垂直类KOL通常专注于某个垂直领域，具备更深的专业性和更精细化的粉丝质量，黏性高自带优质流量。他们可以深度触达和影响用户，适用于品牌专业背书、售前引导等活动。

（3）泛娱乐类KOL。泛娱乐类KOL的受众范围广，用于信息扩散和引领话题互动参与，粉丝黏性不高，适用于大量曝光，增加知名度。

3.从合作方式上分类

（1）长期合作KOL。与品牌长期合作，具有较高的忠诚度和品牌认同感，也更加了解品牌的产品和文化，可以实现更为精细化的营销策略和长期的口碑效应。

（2）项目合作KOL。合作时间较短，往往是针对某个具体的活动或营销项目，能够带来短期的曝光和关注度，适用于宣传新品、推广活动等。

（3）一次性合作KOL。合作次数较少，往往是单次或短期合作，适用于特殊的营销活动或品牌推广活动。

（三）KOL筛选方法——PAVG选号方法

在实施KOL营销策略时，选择合适的KOL是至关重要的。为了选择出最合适的KOL，需要考虑多方面因素，包括营销目标、KOL人设、粉丝画像、热点动态等，同时需要与自身品牌调性、推广预算和目标人群相匹配。因此，KOL的选择不能凭主观意愿盲目决定，而应该进行严格的数据分析。

一种值得借鉴的方法是采用PAVG选号算法，该算法从表现力、广告力、价值比和成长力四个维度出发，对每个KOL的数据进行量化分析，从而筛选出最适合的KOL。同时，不断对各类数据进行复盘和分析，吸纳优秀的KOL，最终建立起最佳的KOL投放组合，以达到最佳的营销效果。

1. P：Performance（表现力）

社群KOL的表现力是很重要的，它可以决定KOL在社群中的价值和影响力。在表现力方面，爆文率、互动率和品类适配度是三个重要的决定因素。

爆文率是指一个笔记或视频的点赞量大于社群所设定的目标数值，这个指标可以衡量达人内容的价值和影响力。如果达人的笔记或视频经常被称为"爆文"，那么他们的影响力和产出效率将会远远高于其他KOL的笔记或视频。

互动率是指KOL产出内容下互动行为数（点赞、评论、分享）与阅览量的比值。互动率高的KOL表现力更强，具有更高的社群影响力。另外，在选择KOL时，社群运营者需重视他们在品类细分上的表现以及与品牌之间的适配度。选择到合适的KOL才能发挥出其所具有的表现力。

2. A：Advertising（广告力）

广告力是KOL的一项重要能力，它决定了KOL能否成功地进行商业合作，并为品牌带来更多的流量和销售额。在广告力方面，"种草"指数和商单频率是两个重要的决定因素。

种草指数指KOL购物车点击数与内容阅览量的比值。社群运营者可以通过"种草"指数评估KOL的带货能力。商单频率指处于一个合理的范围内，既不是完全没有商单经验，也不是每篇内容都是商业合作。通过综合考虑种"草指"数和商单频率等指标，品牌方可以更好地选择合适的KOL进行合作，从而获得更好的合作效果。

3. V：Value（价值比）

价值比通常是通过收集CPM来测算其性价比，以衡量品牌投入的回报。CPM（Cost per Mille）是指千人成本，是将一种媒体或媒体排期表送达1000人的成本计算单位，是衡量广告投入成本的实际效用的方法。千人成本的计算公式如下：千人价格＝（广告费用/到达人数）×1000，其中广告费用/到达人数通常以一个百分比的形式表示。

而在网络营销中，CPM通常指曝光次数，简单来讲，一则广告展露机会在所有读者群体中是100%，但是实际上根据读者阅读习惯和兴趣、需求，展露机会并不可能有那么多，可能是50%，也可能是0%。在比较头腰部垂类达人的CPM，已经不太取决于自然流量了，主要取决于品牌为其投放的流量加持（Dou+、内容服务、达人竞价）。

4. G：Growth（成长力）

成长力即通过一段时间内的涨粉数和用户年龄指数等参数测算KOL的粉丝购买力。涨粉数指在考察期间内KOL的粉丝增长量，以及判断KOL是否处于强劲的增长势头。用户年龄指数指通过KOL粉丝中年龄区间的占比，判断是否符合社群所需吸引的人群年龄段。

（四）KOL矩阵投放

社群KOL矩阵投放是指在社群营销中，根据不同的KOL属性和特点，将KOL按照一定的方式进行组合，形成一个有机的、相互联动的KOL营销矩阵，从而实现最大化的传播效果和营销效益。选择好合适的KOL后，如何整合不同体量和类型的KOL，搭建有机联动的营销矩阵，最大化传播效果，也是非常重要的营销策略。

1. 扩散型（金字塔型KOL矩阵）

金字塔式KOL矩阵法是一种适用于营销目标以大范围信息触达为主的策略，主要应用于大众消费品的新品上市和品牌传播活动。该策略的关键是选择1~3位知名度较高的明星类KOL作为发声人，制造热点话题，并通过垂类KOL发布深度内容，覆盖不同领域的粉丝群体。这样可以挖掘活动和产品的爆点，并实现二次传播。该策略通过"预热—引爆—持续扩散"的阶段性KOL营销传播节奏，最终实现全网扩散和病毒式传播（图6-8）。

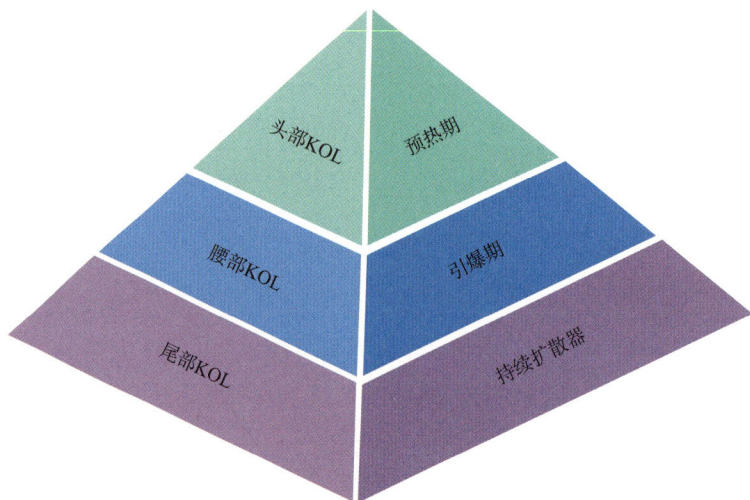

图6-8 扩散型KOL矩阵

2.聚焦型（垂类KOL矩阵）

针对以销售转化为主要目的，以特定消费群体的产品为主的营销活动，可以采用垂类KOL矩阵法。这种策略主要聚焦于目标人群，以规模化传播"种草"为主要手段，通过引导目标群体进行转化来实现销售目标。在这个过程中，需要聚焦于关键人群，以垂直领域的腰部为主，同时在多个平台上进行造势，覆盖同一消费者的多个触媒场景。不同的KOL需要根据不同平台的特点和用户偏好来个性化定制内容，以实现深度触达和刺激，集中力量推动销售转化的目标（图6-9）。

3.功能型（多领域KOL矩阵）

整合营销传播活动支撑渠道的KOL功能型策略，旨在将KOL营销作为整体营销传播活动的支持传播渠道，选用多领域的KOL在不同的营销环节进行传播引导。首先需要明确各个环节的关键目标，然后对应制定KOL选择和内容策略。可以通过头部明星流量引爆关注度，结合大量KOL进行活动分发扩散，或者邀请KOL通过线下直播、探店等形式完成品牌传播互动、销售转化等营销目标（图6-10）。

数字内容生产与运营

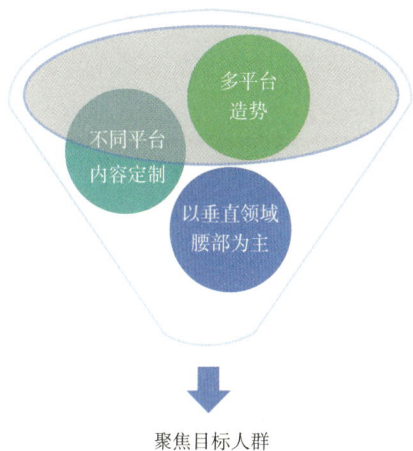

图6-9 聚焦型KOL矩阵

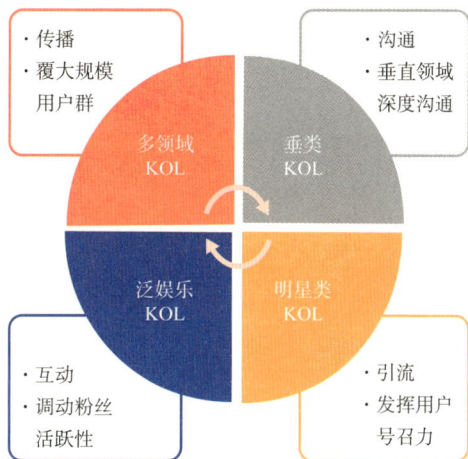

图6-10 功能型KOL矩阵

4.多渠道引流

社群的核心是人，如果没有人，社群的定位及运营再好也无济于事，因此社群引流是社群搭建及维护过程中极为重要的过程。通常情况下，社群可以通过活动营销、内容营销、事件营销、多平台引流四个方法进行社群引流（图6-11）。

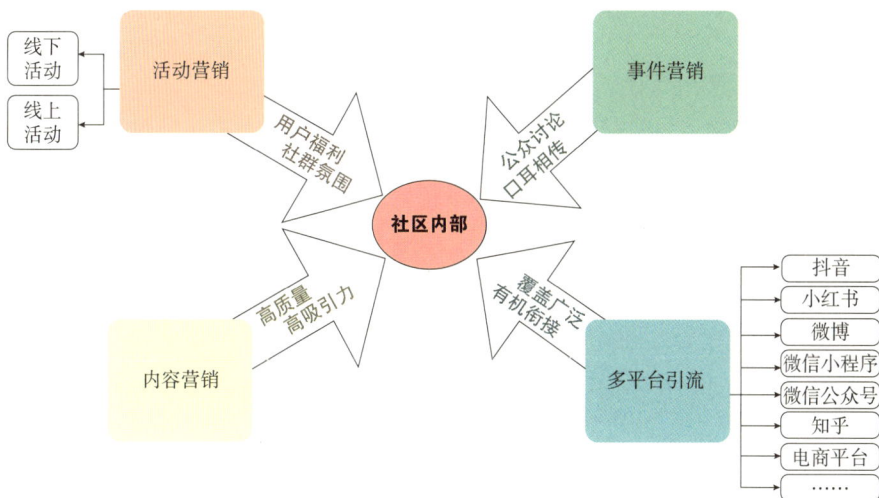

图6-11 多渠道引流

（1）活动营销。社群引流的活动可以跨越线上、线下等不同渠道，包括娱乐或学习性质等方面的活动。跟朋友圈活动相比，社群活动的内容更为丰富，而且运营者需要认真考虑从策划活动到宣传活动的每一个环节，包括活动目的、品牌形象、执行能力和活动创意等。一般来说，通过做一场活动，可以吸引很多用户进入社群。另外，在策划社群引流活动时，运营者还需要给用户提供一些小福利，增加活动的吸引力。例如，某粉丝群活动推出的福利为"上台献花的机会"和明星亲笔签名等，这种可以直面偶像的机会肯定会增强粉丝参与的积极性。

（2）内容营销。高质量、高吸引力的社群内容也具有极强的引流能力。因此，社群运营者应注重增加内容价值，打造个性化内容，使社群在一众社群中脱颖而出。同时要打造价值型内容，注重内容的价值性和实用性，符合用户需求，对用户有利、有用、有价值的内容更易得到用户青睐。

（3）事件营销。创造话题是事件营销的重要特征之一，借助话题可以吸引公众前来议论，形成口碑，起到口耳相传的广告效应，最终达到引流的目的。与广告宣传相比，事件营销更具有隐蔽性和持久性。它能抓住事件的热点与亮点，从而引出卖点。品牌的推广带有极强的目的性，其主要在于吸引消费者的眼球，刺激消费者购买欲。同时，吸引各界媒体关注、竞相报道，最终达到宣传社群和产品的目的。社群进行事件营销的主要目的在于吸引全民广泛参与，参与越广泛，用户群体热情越高，营销的效果就越好，也就越利于社群的建立。

（4）多平台引流。在当今社交媒体的时代，用户对平台的使用习惯和偏好有所不同，而且不同的平台也有着各自的优势和特点，因此，将营销活动同时在多个平台上推广，可以更好地覆盖不同用户群体，提高传播效果。

首先，需要选择适合自己品牌的平台，针对不同的产品或者活动类型，可以选择合适的社交媒体平台进行宣传。例如，对于时尚品牌，可以在抖音、小红书等平台上推广；对于电商品牌，可以在淘宝、京东等电商平台上宣传；对于文化类品牌，可以在微信公众号、知乎等平台上发布深度内容。

其次，在不同平台上需要制定不同的内容策略。对于同一个品牌或者产品，不同平台上的用户需求和接受程度也是不同的，因此，需要在不同平台上制定不同的内容策略，以适应不同平台的用户需求。例如，在抖音上可以通过有趣的短视频引起用户的兴趣；在微信公众号上可以发布深度的行业分析和知识分享，提高品牌的专业度和影响力。

最后，需要统一管理和调度各个平台上的营销活动。在进行多平台推广的时候，需要有统一的管理和调度，以保证各个平台上的营销活动可以有机衔接、互相促进，形成整体的推广效果。可以通过建立营销推广小组，明确每个平台的推广计划和目标，统一规划和管理各个平台上的活动。同时，也需要时刻关注各个平台上的数据变化和用户反馈，及时调整和优化推广策略，以达到最佳的营销效果。

本章小结

本章首先对分享经济下垂直兴趣社群的发展优势进行了阐述，进而通过对垂直兴趣社群的定位、管理及运营三方面内容的梳理讲述了如何搭建一个垂直兴趣社群。同时，将社群的成长归纳为养成期、发展期和稳定期三个阶段，阐述在各阶段网络社群的内容生产类型。结合前两节内容，进一步探究了社群KOL矩阵的投放和多渠道引流方法。通过以上学习，可以了解到网络社群的搭建及发展离不开社群运营者的良好维护和精准决策。因此，研究网络社群的内容生产与运营有利于在分享经济背景下建立起一个能够为人们提供情感支持、社会资本、学习和知识共享等多方面价值的健康网络社群。

思考与实训

思考

1. 垂直兴趣社群有哪些弊端？
2. 社群规模越大越好吗？为什么？
3. 有哪些社群价值观有利于社群发展？
4. 社群内部KOL选择标准是什么？

实训

某减脂塑形社群分析

"S瘦"是一个专注于鼓励用户一同减脂塑形的运动社群。起初，"S瘦"通过"健康运动30天，动感单车搬回家"打卡活动，吸引了大批在意身材、追求健康和想要减脂塑形的用户。"S瘦"社群的团长每天早上在社群中发布"今日健康饮食参考"，不定时分享有关减肥塑形的知识。同时，团长还会在社群中发布一些任务并通过私信功能提醒和鼓励大家坚持完成，有时是让团员们自己完成一顿健康营养餐，有时是让团员们进行跑步公里数接力。

"S瘦"社群的团长，为鼓励团里的伙伴更有动力地减肥瘦身，还在微信公众号里，发起"瘦身达人"线上小活动，让用户自行组队或随机组队进行减肥或运动PK。社群的团员在这样的社群文化中会积极分享自己每天的健身情况，还会在线下相约一起跑步。"S瘦"社群每个月月底都会进行互动榜公示，互动榜前五名会获得相应的运动大礼包。当社群逐渐进入发展稳定期，"S瘦"社群的团长开始策划展开新一轮的推广活动。

问题讨论

1.请分析"S瘦"社群的团长做了哪些利于社群发展的行为。

2.请根据本章所学内容,为"S瘦"社群分别拟定功能型口号、利益型口号和理念型口号。

3.请为"S瘦"社群选择新一轮推广活动的KOL类型和合适的投放矩阵。

第七章

数字内容生产与运营的前沿问题

2023年11月，川观新闻推出国内最大的数字记者矩阵，为真人记者制作数字分身，提供突破次元壁的智能新内容体验。川观新闻创造精英记者的数字分身，将数字分身模型融入AI大模型中进行训练，让数字分身具备真人形象，打磨其模型细节以适应系统，方便与虚拟环境的融合。同时，对不同真人原声进行采集和AI训练，为系统AI口型合成做准备。在完成数字分身定制后，川观新闻记者只需要在播报数智人平台输入文字、音频，即可快速生成数字人播报视频，随时随地生产出视频新闻，大幅提升内容生产效率，提高了视频内容原创产量，解放内容生产力。目前，川观新闻已经有40名记者创造了数字分身，并在各自专栏中进行内容创作。

数字内容生产在带来技术进步和便利的同时，也引发了一系列复杂的伦理困境。本章首先梳理媒介技术的范式演变过程，进而探讨未来媒介技术的实践革新方式、人工智能介入下数字内容生产流程的重构，以及由数字内容生产导致的伦理困境等相关内容。

第一节　未来媒介的样态：范式演变与实践革新

随着新技术的持续涌现，将媒介单纯释义为"工具"的说法正面临着解释力危机。未来，媒介样态的发展不仅关乎技术，更呈现出与社会环境深度融合、协同发展的趋势。一方面，社会环境为媒介样态的发展提供了广阔的背景和丰富的土壤，塑造着媒介的形态、功能和价值取向；另一方面，媒介样态的不断创新也在深刻地影响着社会环境，改变着人们的生活方式、思维模式和社会关系。

一、媒介技术的范式演变

（一）以人类自由度为轴的自主发展逻辑

在媒介技术的范式演变中，以人类自由度为轴的自主发展逻辑，强调了技术演进的核心目标是拓展人的自由度。这种逻辑不仅关注技术本身的内在发展规律，也考虑到技术与社会、个体之间的相互作用和影响。

首先，从纵向发展来看，媒介技术的进步使人能够突破物质个体的限制，包括时间、空间、社会和身体等。例如，印刷术的发明让人突破了时间的限制，后人可以通过阅读印刷品，了解前人的思想、文化和历史；互联网的出现让每个人都有机会随时随地成为信息的生产者和传播者，进一步增强了人在空间和社会层面的自由度。

其次，从横向发展来看，媒介技术通过对社会关系的再组织，扩张了人的活动半径，将更多的行动者连接起来。在口语传播时代，人的连接半径较小，而文字和印刷媒介的出现，使人们可以与更远距离的他人建立联系。进入数字传播时代，人们可以轻松地与不同文化背景、不同国家和地区的人建立联系，实现了社会关系的全面重构。

因此，以人类自由度为轴的自主发展逻辑，揭示了媒介技术是如何通过拓展人类的自由度来促进社会的连接和交流。

（二）偶然性条件、开放性条件的社会建构逻辑

在媒介技术的范式演变中，偶然性条件和开放性条件是社会建构逻辑的两个关键方面。这两个条件共同影响着媒介技术的发展和演变，塑造着媒介技术的形态和社会应用。

偶然性条件主要是指那些不可预测、随机出现的因素。这些因素可能来自技术研发过程中的意外发现、社会事件的突发影响、个体的创新行为等。例如，在战争期间，对快速、准确的信息传播的需求促使无线电通信技术的迅速发展；自然灾害发生后，人们对及时了解灾情和救援信息的需求，推动了移动互联网和社交媒体在灾害信息传播中的应用。

开放性条件指的是媒介技术发展所处的开放环境和与外部因素的互动关系，包括自然条件、经济条件、政策条件、组织条件等对媒介技术是否能落地造成的"硬约束"，也涉及社会的文化、价值观、媒介素养等人文条件对媒介技术应用的"软约束"。

在媒介技术的范式演变中，一种媒介样态从"新兴"走向"成熟"始终伴随社会的建构作用。高德纳咨询公司通过统计社会因素对技术发展的影响数据，将技术的社会建构过程分为四个时期：技术诞生期、泡沫巅峰期、泡沫破裂低谷期和稳步爬升期。媒介技术发展的过程也并非平滑向前的技术演进路线，而是受社会建构力量影响出现波动的曲线。

二、未来媒介的革新

（一）媒介智能化

依据补偿性媒介理论，新兴出现的媒介形式通常旨在弥补旧媒介的短板。在此意义上，社会化媒体可以视为对传统大众传播媒介在内容创造和社交互动方面的补充。进一步而言，智能媒体则是对社会化媒体在技术深度、连接能力和分发效率方面的补充。

目前，智能媒体初步构建起以大数据为核心，整合人工智能、云计算、5G通信、物联

网（含传感器）及区块链技术的技术框架。随着智能技术与智能媒体深度融合，智能触媒这一新形态出现。这种新型媒体将推动人类与机器在信息生产和传播方面协同作业，实时高效满足用户多样化需求。

1.智能接触点媒体

智能接触点媒体是指通过智能化技术，如人工智能、大数据、云计算等，与用户进行互动的媒介接触点。这些接触点不仅是信息传播的渠道，更是数据采集、用户理解、内容推荐和服务提供的节点。

智能接触点媒体的核心在于能够实现对用户的深度理解和精准服务。通过机器学习和深度学习技术，智能媒体可以分析用户的行为模式、偏好和需求，从而提供个性化的内容和服务。这种个性化的体验使用户与媒介的互动更加自然，同时提高了信息的传播效率和效果。智能接触点媒体的特点包括五个方面。

（1）数据驱动。智能接触点媒体依赖于大量的用户数据进行学习和分析，以实现对用户行为的准确预测和个性化服务。

（2）实时互动。智能接触点媒体能够实时响应用户的需求和反馈，提供即时的信息服务和交互体验。

（3）多模态融合。智能接触点媒体不仅限于文本，还能处理图像、视频、语音等多种媒介形式，实现多模态的信息交互和内容推荐。

（4）跨界协同。智能接触点媒体能够与其他智能设备和服务协同工作，为用户提供跨平台、跨场景的连贯体验。

（5）自动化内容生产。智能接触点媒体可以利用算法自动生成内容，提高内容生产效率，同时保证内容的多样性和创新性。

智能接触点媒体的发展，预示着一个更加智能、个性和互动的媒介环境的到来，将深刻改变人们获取信息、享受娱乐和服务的方式。

2.信息生产的协同共创

在媒介智能化的背景下，信息生产的协同共创已经成为一种新的趋势。这种趋势强调了人工智能技术在信息采集、生产、分发、接收、反馈等各个环节的深度融合和应用，从而实现信息生产的智能化和自动化。

首先，人工智能技术的应用使信息采集更加高效。通过智能传感器、无人机等设备，可以实时采集数据，快速整合信息线索，从而加速数字内容的产出。例如，人民日报在两会期间推出的"智能云剪辑师"，利用"5G+AI"技术助力报道内容的产出，通过智慧平台协助媒体生产、传播。

其次，在内容生产环节，人工智能技术推动了媒体内容生产向高质、高效、高产的方向发展。AI技术的应用不仅提升了内容生产的效率，还通过智能审核等方式提高了内容的质量。例如，封面传媒打造的"智能媒资库"利用人工智能音视频识别技术、大数据智能分析挖掘技术，全面提升了全媒资源生产、入库、应用的管理效率。

最后，人工智能技术有效提升了人与人之间协同信息生产的效率。区块链技术的引入打造了一个自由、公开、透明且平等的信息生产与分享社区。其去中心化的特性使网络中的每一个节点都能够参与到信息生产过程。这种协同共创的模式不但保护了原创内容生产者的劳动成果，还借助代币激励机制鼓励用户参与信息生产，进而实现交易变现。

在智能触媒时代，信息生产的流程发生了重构，机器人与算法在信息生产中所占比例不断增加。这种协同共创的模式不仅提高了信息生产的效率和质量，还为媒体内容的创新提供了新的动力。

（二）媒介人性化

在未来媒介的革新中，媒介人性化是一个核心趋势，它体现了技术发展对人类需求的深度理解和满足，更强调技术如何更好地服务于人类，提升用户体验，并且更加注重人的情感和心理需求。

1.媒介人性化与感官体验的融合

在未来媒介的革新进程中，媒介人性化呈现的一大特点便是重返传播原生态，即追求一种更为自然、直观的感官体验。媒介技术会更多地模拟人类感官生理特性，以此提升用户的沉浸感与互动性。例如，数字媒介融合了视觉、听觉甚至触觉，营造出一种虚拟的在场感，让用户能够在虚拟空间中体验到更为真实的交互。这种多感官融合的体验，不但增强了信息的传递效率，还为用户提供了更为丰富且直观的感知方式。

未来的媒介技术将更加注重情感计算的研究，通过赋予计算机拟人化的情感识别和表达能力，让人机交互更加自然和富有情感。媒介不仅是信息的传递者，更是用户情感交流的伙伴，提供更加人性化的服务。

2.媒介人性化与个体价值的重塑

媒介人性化的另一大特点在于对个体价值的重塑。随着技术的发展，个体在信息生产和传播中的角色越来越重要，特别是人工智能和大数据的应用，每个个体都能够成为信息的生产者和传播者。

这种趋势强调了媒介技术应更多地服务于个体的创造和参与。例如，通过项目制的内容生产，小型的、跨部门的团队能够更快地响应社会事件，生产出更贴近用户需求的内容。这种模式不仅提高了内容的可达性和用户的参与感，还促进了社群的形成，使媒体的影响力得以在新的平台上重塑。

随着"万物皆媒介"概念的提出，未来的媒介将更加注重个体与环境之间的交互关系，提升用户对交互环境的满意度，提供更为自然的交互体验。以用户为中心的设计理念，能让媒介技术更贴合个体的需求与习惯，实现更人性化的发展。

第二节　人工智能介入下数字内容生产流程的重构

一、AI文本生成

AI文本生成的方式大体分为非交互式文本生成与交互式文本生成两类。非交互式文本生成的主要应用方向包括结构化写作（如标题生成与新闻播报）、非结构化写作（如剧情续写与营销文本）、辅助性写作。

AI结构化写作可以被用于生成自动标题与摘要，它可以通过自然语言处理（natural language processing，NLP）对一篇纯文本内容进行读取与加工，从而生成标题与摘要。以Github上标题生成的GPT2-NewsTitle项目为例，输入文本内容："今日，中国三条重要高铁干线——兰新高铁、贵广铁路和南广铁路将开通运营。其中兰新高铁是中国首条高原高铁，全长1776公里，最高票价658元。贵广铁路最高票价320元，南广铁路最高票价206.5元，这两条线路大大缩短西南与各地的时空距离。"可以得到AI生成的标题："中国'高铁版图'再扩容，三条重要高铁今日开通"。提炼的标题简约而精准，具有很高的实用价值。

而相较于这种结构化写作，非结构化写作会更有难度。非结构化写作任务如诗歌、小说剧情续写、营销文本等，都需要一定的创意与个性，然而即便如此，AI也展现出了令人惊叹的写作潜力。以诗歌为例，2017年微软推出的人工智能虚拟机器人"小冰"出版了人类史上第一部AI编写的诗集《阳光失了玻璃窗》，其中包含139首现代诗。

除了诗歌，AI也能进行故事、剧本和小说的写作。2016年，伦敦科幻电影节上诞生了人类史上第一部由AI撰写剧本的电影。目前，最令人印象深刻的交互式文本内容生成应用要属ChatGPT。与前文所展示的例子不同，ChatGPT可以同时作为问答、聊天及创作AI存在，它的使用场景日常且多样，融合了文案生成、小说续写、代码生成、代码漏洞修复、在线问诊等场景，甚至展现出超越搜索引擎的潜力。

二、AI 音频生成

目前，AIGC 在音频生成领域已经相当成熟，并被广泛应用于有声读物制作、语音播报、短视频配音、音乐合成等领域。AI 音频生成主要分为语音合成与歌曲生成两种类型，这两种类型都有许多经典案例。

在语音合成领域，某音频 App 曾采集某著名评书表演艺术大师生前的演出声音，运用文本转语音（text to speech，TTS）技术，推出大师声音重现版的历史类作品。在某浏览器首页的"免费小说"频道中的听书功能模块，用户也可以选择自己喜欢的 AI 语音包进行播放，语音包有六种 AI 音色可供选择：清朗男声、标准男声、软萌音、御姐音、东北女声、温柔淑女音，并且合成的语音节奏分明、情绪自然，能够很好地解放双眼。

语音合成不仅可以被应用于说话语音，也可以被应用于唱歌语音，歌手歌声合成软件 X studio 就能够为用户提供具有不同音色和唱腔的虚拟歌声。此外，AI 歌曲生成还有一些更有趣的玩法，如腾讯在 2020 年推出了 AI 歌姬"艾灵"：当用户选择关键词后，可以输入个人的名字或昵称，AI 便能自动生成带有用户名字的歌词，并会生成歌声与明星共同演唱。

三、AI 图像生成

图像自主生成其实就是近期兴起的 AI 绘画，包括创意图像生成（随机或按照特定属性生成画作）与功能性图像生成（生成 logo、模特图、营销海报等）。2022 年下半年，AI 绘图无疑成为热点，不少人都乐此不疲地在自己的朋友圈分享各种形式的 AI 绘画作品。从参与感与可玩度来看，AI 绘画大致可以分为三类：借助文字描述生成图像、借助已有图像生成新图像，以及两者的结合版。

现在流行的国外 AI 绘画工具如 Stable Diffusion、DALL·E 2、Midjourney 等，以及国内 AI 绘画工具如文心一言、意间 AI 绘画、AI Creator 等，都会在创作时引导你输入"指令"（图 7-1）。

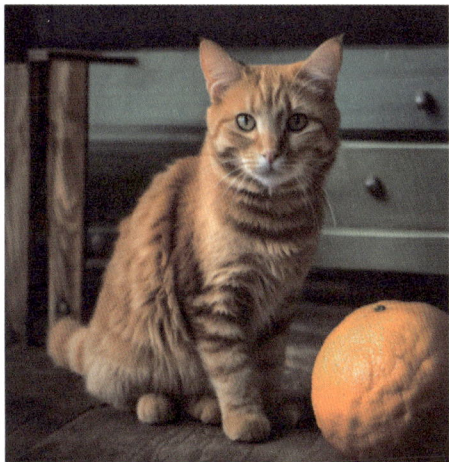

图 7-1 文心一言 AI 绘图

如果用户暂时缺乏灵感，有些平台也会提供"自动生成"选项，让AI帮用户搭配，然后在其基础上进行用户想要的修改。如此一来，AI降低了普通人参与艺术创作的门槛，让没有绘画基础的人也能通过文字描述表达自己的创作灵感，满足自己的创作欲望。虽然AI绘画对内容生产力的提升有很大帮助，但同时引发了许多人的忧虑，许多艺术家担心AI绘画可能会因为训练样本的选取而剽窃自己的作品元素，也担心这些AI生成的作品被用于一些欺骗性的用途，危害到人类自身。

四、AI视频生成

目前，AI技术不仅可以生成图片，也能够生成序列帧，组成一个完整的视频。例如，2022年10月，AI重置版《幻觉东京》发布。作者将经过剪辑的短片交给AI美术大师，经过160小时生成3万张独立插画，再进行人工手动微调，连成了一部赛博朋克大幻想。虽然目前还只是在原脚本和视频的基础上，通过AI逐帧完成图片生成，但这让我们看到了AIGC参与视频创作的可能性。

当然，除了这种连接AI生成图片组成视频的生成方式，也有直接利用文字描述生成视频的方法。例如，2022年9月，Meta推出的Make-A-Video工具就具有根据文本描述生成相应短视频的能力。Make-A-Video推出不久，谷歌就推出了主打高清生成的Imagen Video和主打更长视频内容生成的Phenaki。Imagen Video是由谷歌在2022年5月推出的AI绘图工具Imagen进化而来，它继承了Imagen对文字的准确理解能力，能够生成1280px×768px分辨率、每秒24帧的高清视频片段，除了分辨率高，它还能理解并生成不同艺术风格的作品，如水彩画风格、像素画风格、凡·高风格，还能够去除视频的拍摄抖动，修复视频画质。OpenAI发布的Sora模型更是在演示视频中展示了显著的进步，能够生成长达一分钟的视频。Sora的发展是AI研究的一个重要方向——使AI系统能够理解复杂的用户指令，并将这些理解应用于解决现实世界问题，通过动态和情境丰富的模拟互动来实现这一目标。

第三节　数字内容生产的伦理困境

数字技术在推动文化产业转型升级、文化领域供给侧改革的同时，也引发了社会对数字内容消费领域科技伦理问题的质疑。总体来看，目前数字内容产品与服务领域主要面临的三大伦理问题，分别是算法伦理、数据伦理和人文伦理问题。

一、算法伦理：算法偏见与信息茧房

随着数字文化产业的发展，算法已常见于信息匹配、人脸识别、智能推荐等数字内容服务与产品功能中，其公平性、公正性不容忽视。而数字内容消费中的算法伦理问题主要指因算法自身因素或算法操纵而造成的算法偏见，以及智能推送带来的"大数据杀熟"和"信息茧房"现象。

一方面，算法在生产和应用过程中不是完全客观、中立的，它在自我学习、自我成长的过程中会不可避免地因学习对象及内容自带偏见或因突发性错误造成算法偏见、歧视等问题，并且算法本身也在一定程度上受到算法工程师、设计者等生产方个人主观经验结论与价值观的影响，而这种影响往往是难以察觉与定责的。另一方面，在信息空前爆炸的当下，信息传播与过滤的权利部分已经让渡给了算法。种种"猜你喜欢""智能推荐"虽然带来了信息浏览的便捷化、信息传递的精准化和信息收集的效率化，但同时也造成了"信息茧房"问题。

在算法主导的内容分发模式下，由于渴望博取"眼球经济"及缺乏监管的双重因素，网络平台极易为用户推荐劣质信息，为追求"流量"而迎合用户的感官愉悦。这不仅在无形中造成了"信息茧房"，并且当过多缺乏深度的内容成为"热点"时，还将引发整个网络平台的媚俗化，甚至削弱整个社会的创新创造能力。也就是说，当算法技术被低俗、猎奇、过度娱乐化的消费倾向所主导时，用户将更容易被缺乏内涵与正确价值导向的信息所包围，如博人眼球的标题、情绪化的文章、夸大其词的广告等，这同时会导致主流信息、异质化信息，以及新兴原创内容的传播质量与效率变得难以保证。

二、数据伦理：大数据与个人隐私

互联网的广泛运用使数据日益成为企业提高自身竞争力、占据市场份额的重要资源，各类信息不断被数据化、智能化储存与使用，数据库应运而生，而个人数据的隐私问题也引起了社会的广泛关注。数据库中的个人数据主要有以下三种来源：一是用户自愿提供的数据，如注册信息、用户主动发布的数据等；二是被观测到的数据，即用户在使用软件或信息设备时被记录和观测的数据；三是被推断的数据，即根据用户的各种信息所推测出的个人数据。

社交媒体上的个人信息越发呈现出"公共化"的特征，即能够对较为陌生、广泛的对象公开。人们依旧热衷于在各类社交媒体上分享更多的个人信息。除了有意识的信息分享，用户在社交媒体与交易平台上的每一次搜索与每一句发言都无意识地在互联网上留下了"数字足迹",如社交媒体上的发问、在线购物记录、浏览记录等,从而加剧了个人隐私被侵害的风险。文化企业与机构收集用户个人数据的"知情同意"机制也在大数据时代面临冲击。游戏、阅读、社交等方面的各类软件虽然在用户正式使用前,都会给予相应的"隐私声明",但这类声明不仅过于冗长复杂,大多数用户并不会完全阅读甚至理解其中的内容,往往采取直接跳过的方式。甚至在大多数软件的使用过程中,不同意这类声明则无法使用该软件。在此情况下,个人数据安全并不能得到及时、有效的保护。

三、人文伦理:人工智能与"虚拟世界"

科技支持下,各类文化新业态的诞生和数字文化内容市场的繁荣也引发了人们对相关人文伦理的思考。从数字内容消费的对象来看,当下人工智能技术全方位进入数字文化内容生产领域,为文化产品数字化、智能化提供了新的动力与方向,诞生出智能向导、虚拟主播、数字偶像等新消费形式与产品服务类型。

人工智能的介入主要可以分为协同模式和独立模式。协同模式指人工智能作为一种工具与人类一同参与数字文化内容生产过程,以其强大的能力提高文化产品的生产效率。而独立模式则指人工智能通过算法和程序独立生成艺术作品,甚至在部分领域成为数字文化内容产品的创作主体。

从数字内容消费的主体来看,数字内容消费的升级使消费者身份"虚拟化"成为可能。用户可以借用互联网中的"虚拟形象"与他人进行交互,而虚拟身份的隐匿性、匿名性,以及目前仍然存在于网络空间中的"伦理监督漏洞"将会使用户在虚拟空间中的行动较少受到现实社会关系和规范伦理的制约。近年来,网络的匿名环境成为滋生网络暴力的温床,因虚拟身份滥用话语权、侵害他人隐私而造成的网络暴力事件不在少数,为网络空间规则和伦理治理带来了不小的挑战。

本章小结

本章首先梳理了媒介的演变机制,并在此基础上探究未来媒介的发展图景,进而对人工智能介入下的数字内容生产模式的变迁进行分析,最后,探讨数字内容生产导致的伦理困境。然而,对于数字内容的未来,乐观与悲观的论调并存,事实上,持有何种观点并不重要,重要的是该以何种姿态面对未来。

思考与实训

思考

1.请思考在数字时代如何保护个人隐私。

2.请谈谈人工智能可能会带来哪些伦理问题？如何规避这些问题？

3.算法推荐是导致信息茧房形成的主要原因吗？

实训

人工智能视频陷阱

2023年5—7月，警方开展"假明星"诈骗团伙收网行动，先后抓获W等成员8人。据犯罪嫌疑人W交代，他在直播中使用的明星照片和视频资料都是网上下载，互动过程中使用的明星声音也是通过软件修改的变声音频。其他团伙成员主要负责招募和维系"粉丝"，他们把那些被"明星偶像"吸引来的人经过筛选，拉入所谓"明星私人粉丝团"，再由团伙成员加上微信，以"明星"身份与被害人进行情感交流，有时还会寄送一些"小礼物"作为回报，如红酒、香水等。当被害人放下戒备信以为真后，犯罪团伙就转入传统"杀猪盘"模式，实施定向诈骗。

警方目前已经查证多个省市的5名被害人，基本上都是60多岁的老年人，涉案金额近百万元。据诈骗团伙交代，在选择潜在目标时，他们会提前对被害人身份信息及家庭情况展开调查，物色其中的单身大龄女性或老年群体行骗，利用他们缺少"精神寄托"、生活比较空虚的弱点，用关心关爱冲破被害人心理防线。

问题讨论

1.人工智能对视频信息进行深度伪造，可能会对社会带来哪些危害？

2.短视频平台应该如何加强内容风控？

3.近年来上述类似案件频发的背后原因是什么？

参考文献

［1］黄升民，周艳，王薇，等. 中国数字新媒介发展战略研究［M］. 北京：中国广播电视出版
　　社，2008.

［2］沈菲. 我国数字内容产业发展现状及对策分析［C］// 首届中国传媒经济学博士生论坛文集，
　　2007.

［3］IMS（天下秀）新媒体商业集团. 新媒体用户分析与运营［M］. 北京：清华大学出版社，
　　2022.

［4］彭兰. 网络传播概论［M］. 4版. 北京：中国人民大学出版社，2017.

［5］牛温佳，刘吉强，石川. 用户网络行为画像：大数据中的用户网络行为画像分析与内容推荐
　　应用［M］. 北京：电子工业出版社，2016.

［6］马彦威. 用户运营：布局策略+经典案例+实战技巧［M］. 北京：电子工业出版社，2019.

［7］杜雨，张孜铭. AIGC：智能创作时代［M］. 北京：中译出版社，2023.

［8］高阳. 新媒体的逻辑：内容生产与商业变现［M］. 北京：社会科学文献出版社，2020.

［9］李泽清. 网络直播：从0开始学直播平台运营［M］. 北京：电子工业出版社，2018.

［10］孙兴武. 分享经济［M］. 北京：中国纺织出版社，2019.

［11］海天电商金融研究中心. 社群分析与营销完全攻略（案例实战版）［M］. 北京：清华大学
　　　出版社，2016.

［12］张志. 社群营销与运营：慕课版［M］. 2版. 北京：人民邮电出版社，2022.

［13］陈道志，哈默. 内容电商［M］. 北京：人民邮电出版社，2018.

［14］理查德·米林顿. 打造强大的私域社群［M］. 汤文静，译. 杭州：浙江教育出版社，2022.

［15］武永梅. 社群营销：方法技巧、案例分析、应用实践［M］. 天津：天津科学技术出版社，
　　　2017.

［16］陈晓暾，史超超. 社群营销：强关系下的粉丝经济［M］. 北京：清华大学出版社，2017.

［17］曹珂瑄. 小红书为什么红：小红书爆红背后的秘密及内容运营策略［M］. 北京：中国经济
　　　出版社，2020.

［18］程阔. 社交新零售：圈层经济的整合与变现［M］. 北京：人民邮电出版社，2020.

［19］杜雨，张孜铭. AIGC：智能创作时代新媒体用户分析与运营［M］. 北京：中译出版社，
　　　2023.

［20］薛亮. 虚拟现实与媒介的未来［M］. 北京：光明日报出版社，2019.

［21］任天浩，朱多刚. 作为生产机制的平台：对数字内容生产的多案例研究［J］. 出版发行研
　　　究，2020（2）：26-33.

［22］陈昌东，江若尘. 营销领域中算法推荐与消费者响应：研究评述与展望［J］. 经济管 理，
　　　2021（10）：193-208.

［23］张超. 算法驱动下的内容深耕：Netflix 内容运营创新研究［J］. 电视研究，2022（5）：
　　　25-28.

［24］陆小华. 防范谬误衍生是把控数字内容生产的关键［J］. 青年记者，2022（7）：72-74.

［25］彭兰. 视频化生存：移动时代日常生活的媒介化［J］. 中国编辑，2020（4）：34-40.

［26］刘峰，严三九. 区级融媒体中心短视频内容生态构建——基于受众信息采纳行为的研究
　　　［J］. 新闻记者，2021（12）：51-61.

［27］温凤鸣，解学芳. 基于区块链赋能的短视频内容产业创新与优化路径［J］. 中国编辑，2021
　　　（9）：81-86.

［28］肖荣春，邓芝祺，陈孝琳. 助农短视频的信息认同、影响力差异及传播策略——基于抖 音
　　　"新农人计划"的考察［J］. 电视研究，2021（9）：90-92.

［29］李金宝，顾理平. 短视频盛宴中的媒介变革与价值发现［J］. 传媒观察，2021（2）：5-14.

［30］严三九，刘峰. 5G背景下短视频内容生态重构探析［J］. 中国编辑，2020（6）：9-14.

［31］刘琳琳，黄河. 短视频用户参与内容生产内在动因探究［J］. 电视研究，2019（11）：
　　　47-49.

［32］罗晶，杨孔雨，王圣华. 沉浸传播视域下的电商直播消费场景重构［J］. 现代视听，2020
　　　（11）：48-51.

［33］燕道成，李菲. 场景·符号·权力：电商直播的视觉景观与价值反思［J］. 现代传播（中
　　　国传媒大学学报），2020，42（6）：124-129.

［34］郭全中，刘文琦. 电商平台与短视频平台直播带货的比较研究［J］. 传媒，2022（9）：
　　　49-52.

数字内容生产与运营

［35］张小虎．新媒体时代网红直播带货模式发展探究［J］．传媒，2021（8）：55-57．

［36］岳小玲．电商直播"带货"的内容生产和优化路径［J］．出版广角，2020（19）：64-66．

［37］赖青，刘璇．5G智媒时代内容生产与内容运营的新趋势［J］．中国编辑，2020（Z1）：21-26．

［38］喻国明，丁汉青，刘彧晗．媒介何往：媒介演进的逻辑、机制与未来可能——从5G时代到元宇宙的嬗变［J］．新闻大学，2022，189（1）：96-104，124．

［39］刘欣雨．数字内容消费与科技伦理反思［J］．人文天下，2022（10）：74-79．